왜 복지국가인가?

왜 **복지국가**인가?

정글의 한국 사회, 복지가 해답이다

지은이 / 이태수
펴낸이 / 강동권
펴낸곳 / (주)이학사

1판 1쇄 발행 / 2011년 11월 10일
1판 4쇄 발행 / 2018년 9월 20일

등록 / 1996년 2월 2일 (신고번호 제1996-000015호)
주소 / 서울시 종로구 율곡로13가길 19-5(연건동 304) 우 03081
전화 / 02-720-4572 · 팩스 / 02-720-4573
홈페이지 / ehaksa.kr
이메일 / ehaksa1996@gmail.com
페이스북 / facebook.com/ehaksa · 트위터 / twitter.com/ehaksa

ISBN 978-89-6147-152-7 03330

* 책값은 뒤표지에 표시되어 있습니다.

이 도서의 국립중앙도서관 출판시도서목록(CIP)은 e-CIP 홈페이지(http://www.nl.go.kr/ecip)와 국가자료공동목록시스템(http://www.nl.go.kr/kolisnet)에서 이용하실 수 있습니다.
(CIP제어번호: CIP2011004534)

왜 복지국가인가

정글의 한국 사회, 복지가 해답이다

?

이태수 지음

이학사

일러두기

1. 본문의 내용 이해를 위해 추가 설명이 필요한 용어는 해당 단어가 처음 나올 때 단어 뒤에 동그라미(◎) 표시를 하고 그 내용을「용어 설명」으로 정리하였다.
2. 부호의 쓰임은 다음과 같다.
   『 』: 도서 제목
   「 」: 논문, 자료, 보고서 제목
   〈 〉: 표, 그림, 영화 제목

머리말

"복지국가는 한국 사회의 출구이자 비상구인가?" 우리 사회를 휩쓸고 있는 문제의식이며 이 책의 핵심 주제이다.

참으로 한국 사회의 역동성이 놀라울 뿐이다. 이렇게 빠른 속도로, 무서운 무게감으로 복지국가에 대한 논의가 한국 사회를 질주하리라고는 누구도 쉽게 예상하지 못했다. 김대중 정부와 노무현 정부 10년 동안 정권 차원에서 인위적으로 강조되어온 복지 어젠다가 어느 사이 내로라하는 정치인과 지식인은 물론이요, 일반 대중이 공유하는 복지국가 담론으로 성장해 있는 것이다.

물론 아직 대담한 복지국가의 구축에 적극 찬성하는 대중이 절대다수라고 하기는 어렵다. 그렇다고 대중의 다수가 이를 반대하고 있다는 것도 아니다. 한국의 대중은 현재 복지국가에 대한 담론을 지켜보고 있다. 그러면서 서서히 자신들의 사고의 지평을 복지국가 친화적으로 이동시키고 있는 것이다. 대중은 역시 오래전 김수영 시인이 노래한 대로 "바람보다도 더 빨리 눕"고, "바람보다도 더 빨리 울고 바람보다 먼저 일어"나는 풀과 같다.

복지국가는 사실 그리 쉬운 개념도, 그렇다고 교과서적인 모범답이 있어 일방적으로 이해하고 받아들이기를 강요당하는 개념도 아니다. 복지국가는 20세기를 지나오면서 서구의 대부분의 국가가 자본주의의 불완전성을 인식하고 이를 극복하는 과정에서 만들어진 대안의 하나에 불과하다. 그렇기에 복지국가는 국가마다, 시기마다 처한 상황에 따라 다르게 변용되어왔다. 그러므로 어떤 목적을 갖고 어떤 측면을 보려 하느냐에 따라 복지국가는 각기 다른 모습과 의미를 지니기도 한다.

그렇지만 한 가지 숨길 수 없는 사실은, 복지국가라는 것은 사회 구성원 각각의 인간다운 삶을 책임지는 사회의 공동선common good을 인정한다는 것과 이를 위해 사회 구성원들 각각이 사회연대와 참여의 정신으로 충일하고 국가가 이들을 대변하여 적극적 역할을 수행한다는 것이다.

한국은 그간 경제성장 일변도의 궤적을 그리며 제법 성공한 경우로 공인받아왔으며 더군다나 민주주의마저도 일정 정도 성공적으로 달성해온 나라로 평가되고 있다. 그러나 '승자의 저주'라고나 할까? 오히려 이런 성공의 결과와 그 자부심이 새로운 상황과 새로운 위기 앞에서 새로운 패러다임paradigm을 취하지 못하는 덫이 되고 있는 것은 아닌가 의심되기도 한다. 이미 대다수 선진 국가가 채택해온 복지국가로서의 자연스러운 면모나 국가의 역할이나 정책, 사고의 기반 등이 지금 심각한 위기에 처한 우리 사회에서는 받아들이기 매우 힘겨운 상황이 되고 있기 때문이다.

그러나 다른 한편에서 보면 한국 사회의 구성원들은 이제 새로운 환경과 새로운 위기에서 새로운 선택을 준비하고 있다는 조짐이 보이는 것도 사실이다. 동물적 후각嗅覺으로 국민들의 마음을 읽고 있는 정치인들이 이러한 새로운 선택을 앞장서서 증명하고 있으며, 언론 등 대중매체들 역시 앞장서서 움직이고 있다. 시민사회 역시 예외가 아니다. 바로 그러한 선택의 유력한 대안이 복지국가라고 그들은 말하고 있다.

그러나 복지국가를 한국의 미래에 대한 대안으로 채택해나간다 할 때 불행하게도 우리 사회는 준비된 것이 별로 없다. '복지국가는 정녕 무엇이란 말인가?' '복지국가의 기원과 역사는 무엇인가?' '왜 우리는 복지국가에 주목해야 하는가?' '우리가 만들어가야 할 복지국가는 어떤 것인가?'…… 이러한 질문들에 대한 속 시원한 해답을 찾지 못한 채, 오히려 설익은 개념과 근거 없는 주장으로 대중에게 혼란만 제공하고 있는 것이 오늘 우리의 문제라고 할 것이다.

이 책은, 인류가 밟아온 복지국가의 궤적을 밝히고 한국 사회에서 복지국가가 왜 필요하며 어떻게 만들어져야 하는지에 대해 나름대로 좀 더 선명한 답을 제시하여, 현재 난무하는 '혼란의 과잉'

을 줄여보고자 하는 나의 노력의 결과물이다. 이 책이 나의 의도대로 평가받을지 확신할 수는 없지만 그간 한국 사회의 미래를 걱정하며 많은 분과 함께 토론하고 공부하고 발표했던 경험들을 근거로 하나의 결과를 선보이는 것이다.

제1부에서는 복지국가의 기원과 발전 과정을 소개한다. 자본주의가 생성된 후 복지의 개념이 재정립되면서 새로운 발상으로 전환되고, 이어 20세기 복지국가가 탄생하는 과정과 함께 그 이념과 유형, 본래의 기능 등을 추적한 것이다.

제2부에서는 한국 사회의 현주소를 살펴보고 이것이 복지의 필요성을 왜 웅변으로 증명하는 것일까를 소개한다. 지금으로부터 10여 년 전만 해도 우리 모두는 새로운 천 년을 외치고 새 세기에 새로운 희망이 올 것으로 기대했건만, 지금 이 시간 한국 사회의 현실은 그렇지 않다. 왜 한국 사회의 현실은 불안, 빈곤, 자살, 박탈…… 등의 용어로 설명되는 걸까? 심지어 야만의 사회라고 불릴 정도로 21세기답지 않은 우리 사회의 현실을 고발해본다. 그리고 역설적이게도 그 위기의 현실이 복지를 갈망하고 있음을 밝혀보려 했다.

제3부에서는 그래서 복지가 진정 답일 수 있는가를 진지하게 모색해본다. 보편주의에 입각한 역동적 복지국가, 경제와 복지가 일체화되면서 또한 민주주의를 완성시키는 의미의 복지국가가 무엇인지를 그려보고 그것을 실현시키는 데에 필요한 조건들과 우리의 귀감이 되는 선진 복지국가의 상을 알아보고자 한다.

그러나 중요한 사실은 복지국가는 누군가가 우리를 위해 만들어 주는 것도 아니요, 던져주는 것도 아니라는 사실이다. 오로지 복지국가를 떠받치는 이념과 원리를 소중히 여기는 대중이 존재하고, 이를 조직화하여 위로는 정치 공간에서 국가의 역할과 정부의 정책 안에 구현시키는 힘이 작동하는 것, 그리고 아래로는 자신이 살고 있는 작은 지역사회 안에서 자치와 참여의 정신으로 복지국가의 이념과 원리를 생활화하는 것이 핵심이다.

한국 사회의 미래를 함께 생각해보고자 하는 많은 분의 공감을 바라는 마음은 크지만 책의 구성과 논리에 부족한 부분이 적지 않기에 두려운 마음이 앞설 뿐이다. 이 책의 원고를 인내심으로 기다려주신 이학사 강동권 사장님, 교정과 편집 작업에 심혈을 기울여주신 김지연 선생님에게 감사드리는 마음 크다. 무엇보다 인생에서 가장 기쁜 순간과 어려운 순간들을 함께하였고 또 앞으로도 함께할 아내와 우리의 분신들에게 이 책이 조금의 위안이 되길 바란다.

이 책이 한국 사회가 앞으로 디뎌야 할 복지국가의 신성한 땅에 이르는 하나의 징검다리가 되길 바라는 마음 간절하며 보편적 복지국가를 열망하는 동시대의 많은 이에게 이 책을 바친다.

2011년 10월

노고봉老姑峰 자락에서

이태수

〔 차례 〕

제 1 부

복지국가, 그 기원과 발전

1. 19세기 말, 서구 유럽에서 복지의 싹이 트다

증대해가는 기계 사용과 분업으로 말미암아, 프롤레타리아트의 노동은 일체의 개인적 특성을 상실하였으며, 따라서 노동자가 느낄 수 있는 온갖 매력을 상실하였다. 노동자는 기계의 단순한 부속물이 되고, 노동자에게 요구되는 것은 가장 단순하고 단조롭고 가장 배우기 쉬운 동작뿐이다. 그러므로 한 노동자의 생산 비용은 거의 전적으로 자신을 유지하며 자기 대를 이어나가는 데 필요한 생산수단에 국한된다.

- 칼 맑스·프리드리히 엥겔스, 『공산당선언』(1848) 중에서

'격동의 세기' 하면 지금 현대인들은 대부분 20세기를 생각한다. 물론 인류의 재앙이었던 양차 세계대전이 있었고, 이념과 종교의 대립으로 인해 무수히 많은 사람의 목숨을 빼앗아간 비극의 역사

가 있었으며, 수많은 국가의 해방과 병합, 분리 등이 있었으니 그럴만도 하다. 그렇지만 19세기 역시 인류의 전체 역사를 볼 때 결코 간단치 않았던 시기였다. 특히 서구 유럽의 역사를 돌이켜볼 때 19세기의 격동이란 주로 자본주의의 탄생과 정착이라는 엄청난 지각변동과 직·간접적으로 연결되어 있음을 부정할 수 없다.

자본주의. Capitalism.

이 새로운 생산양식이 유럽 사회를 오랫동안 유지해왔던 봉건주의feudalism 체제를 대체한 것은 사실 수세기 동안 진행되어온 변화의 결과였다. 중세 봉건시대가 최정점에 올랐던 12~13세기부터 시작되어 십자군 전쟁, 신대륙의 발견, 인클로저 운동Enclosure Movement, 자유도시의 탄생, 산업혁명 등의 역사를 거치면서 봉건시대의 토대가 서서히 바뀌었는데, 영국의 경우 18세기 후반에 오면 이제 봉건주의가 아닌 새로운 그 어떤 체제로 변화되었음을 감지할 정도가 되었다.

이 새로운 세상의 도래를 눈치 챈 사람은 매우 많았지만 그중에 가장 유명한 이가 바로 애덤 스미스Adam Smith(1723~1790)라고 할 수 있다. 그가 글래스고우대학의 도덕철학 교수를 그만두고 한 백작의 청을 받아들여 그 백작 후처의 자식을 데리고 유럽 전역을 돌아다닌 때가 1750년대였는데, 이미 스미스의 눈에는 새로운 세상은 매우 경이롭고 신비롭게까지 보였다.

왜냐하면 당시까지의 사회는 왕, 영주, 귀족, 기사, 상인, 농노로 구성된 신분 사회였고, 경제활동도 이러한 신분 질서에 맞춰 진행되었으니, 이미 농업을 할 사람과 공산품을 만들 사람이 정해져 있었으며, 그들이 만들 생산 품목과 그들에 대한 생산량의 분배 몫도 일정 정도 그 사회의 규칙에 의거하여 사전에 결정되어 있었기 때문이다. 즉 신분이 경제를 지배하던 때였기 때문이다.

그렇지만 스코틀랜드의 글래스고우라는 촌락만을 보아온 스미스에게 새로운 세상은 결정적으로 '불가사의'의 세계였다. 즉 수많은 사람이 무질서하게 생산 대열에 참여하여 물건을 만들고 있지만, 오히려 생활필수품의 총량으로 대변되는 국부國富는 비약적으로 많아지고 있는 것이 아닌가?

스미스는 그의 관찰 결과와 지난날의 사료들을 총망라하여 이 커다란 의문에 대한 그의 해답을 발표하였으니 그것이 그의 명저인 『국부론An Inquiry into the Nature and Causes of the Wealth of Nation』(1776)이다. 스미스가 찾아낸 답은 잘 알려진 바와 같이 인간의 이기심selfishness과 '보이지 않는 손invisible hands' 두 가지로 압축된다. 스미스는 누구도 강제하지 않지만 모두가 자기 이기심을 좇아 생산 활동에 전념함으로써 생산량이 비약적으로 늘어나지만, 다른 한편 보이지 않는 손이라는 가격 조정 장치가 작동되므로 이러한 이기심이 극단적인 탐욕이 되어 공동체의 붕괴를 초래하는 파국을 막을 수 있게 된다고 본다.

인간은 누가 시켜서 혹은 자비심의 발로로 생산과정에 참여하는 것이 아니라 스스로 자신의 생활을 풍요롭게 하고 싶다는 이기심으로 인해 더 나은 생산과 판매 기술을 개발하고자 노력한다. 그렇게 하여 만든 상품이 소비자들로부터 환영받아 그에게 더 많은 이윤을 만들어주고 마침내 그의 이기심도 충족시킨다. 이런 생산자 개개인들의 노력은 경쟁적으로 생필품의 생산과 소비를 촉발시킴으로써 소비자들에게도 좋으며 사회 전체적으로도 국가의 부를 증대시킨다. 그러나 이 과정에서 중요한 것은 시장에서 자동 조절 기능을 행하는 가격 조정 장치인 것이다. 즉 스미스는 생산자들의 이기심이 너무 지나쳐 물량이 많아지면 수요에 비해 공급이 많아지므로 자연히 가격은 내려가게 되고, 이로 인해 생산자들 중 많은 사람이 생산을 중단하게 되어 이기심이 억제되는 과정을 거치다가 일정 수준 이하로 내려가 공급이 수요보다 적어지게 되면 다시 가격이 올라가 생산자들이 다시 이기심을 충족시킬 수 있도록 자연스런 조절 기능이 작동한다고 보았다.

결국 스미스가 해석한 자본주의의 원리가 항상 현실에서 그대로 구현되는 것은 아니지만 원리적으로 그가 밝힌 것은 정곡을 찌르는 것이었다. 바로 그것이 이후 자본주의를 찬양하는 이념적 기초가 된 것을 우리는 부정하기가 어렵다. 오늘날 자본주의나 시장경제에 대한 신봉자들에게 그 지적 영감을 준 뿌리가 바로 스미스였던 것이다. 미국의 제40대 대통령 로널드 레이건R. Reagan이 1981년 취임 축하연을 열 때 모두가 스미스의 초상이 새겨진 넥타이를 매고 참석했다는 유명한 일화는 스미스가 신자유주의자들의 사상적 원조임을 잘 알려준다.

그러나 19세기 내내 현실의 자본주의는 통제력을 잃은 사자와 같이 온갖 부정적인 양상을 낳고 있었다.

그중 가장 핵심적인 양상이 무산대중無産大衆인 노동자들의 빈곤 문제였다. 당장 지금까지 농경 사회에서 자족적으로 살아가던 수많은 농노tenants가 도시로 집단 이주하여 도시의 값싼 임금노동자가 되는 과정 자체가 커다란 사회문제가 되고 말았다. 이 과정은 대개 15세기경부터 시작된 인클로저 운동으로 본격화되었는데, 신대륙 발견 이후 양모羊毛 가격이 폭등하자 영지領地를 양을 키우기 위한 목초지牧草地로 바꾸려는 영주들이 그곳에 살고 있던 농노들을 내쫓게 되고, 이들이 도시로 몰려들어 당시 신흥 부유층들이 살던 도시의 질서를 문란하게 하는 결과를 낳았다.

이런 무질서를 바로잡고자 국왕은 칙령을 통하여 이들 부랑인을 노예로 삼을 수 있게 하였다. 따라서 더 이상 농사를 지을 수 없어 도시로 몰려온 옛 농노들은 노예가 되지 않기 위해 자신들을 고용할 고용주가 있다면 아무리 저임금이라도 감수할 용의가 있었고, 이들 광범위한 저임금노동자 계층들의 존재가 당시 생성되기 시작한 자본가들에게는 매우 유리한 생산 조건을 만들어주었던 것이다.

또한 18세기 후반부터 시작된 산업혁명은 대량생산을 할 수 있는 기술적 기초를 제공하였기에, 이제 자본과 노동의 결합으로 대량 상품생산을 할 수 있는 새로운 생산 체제, 즉 훗날 자본주의라고 불리는 '신세계'가 등장하게 되었던 것이다.

그러나 이런 과정에서 새롭게 등장한 노동자층은 숙명적으로 불리한 조건을 갖게 되었다. 그것은 그들 스스로는 상품을 생산하여 자신들의 호구지책을 삼을 수 없고 오로지 자본가에게 고용되어 임금을 받아야만 연명할 수 있었기 때문이었다. 더군다나 노예냐 아니면 저임금노동자냐를 선택해야 하는 상황에서 노동자들은 극도로 낮은 저임금도 감수할 수밖에 없었기에, 이러한 초기 자본주의 시대에는 전반적으로 노동자들에 대한 노동 착취가 만연하지 않을 수 없었다. 이에 따라 부녀자노동과 아동노동이 횡행하였고, 남성 노동자들 역시 자신들의 임금만으로는 가족의 생계를 책임지는 것이 어려워졌다. 결국 생산수단을 갖지 않은 노동자, 즉 무산자無産者proletariat는 생산수단을 지닌 유산자有産者bourgeoisie를 위해 과도하게 노동을 할 뿐이고 돌아오는 임금으로는 생활을 유지하기가 힘들었다.

그러나 사실 인구의 대부분을 차지한 대중 노동자들의 이러한 빈곤은 자본주의라는 신세계에 걸었던 기대와는 정반대의 상황이었다. 되짚어 생각해보면 1789년 일어난 프랑스대혁명도 승려와 귀족이 농노들의 노동을 착취해가며 지탱해왔던 구체제舊體制ancient regime에 대한 환멸에서 비롯되었고 이 혁명을 통해 누구나 인간답게 살 수 있기를 고대하는 분위기가 팽배하게 되었다. 따라서 비슷한 시기에 모습을 완전히 드러낸 이 새로운 자본주의하에서는 누구나 능력껏 열심히 일하면 자신의 삶을 보장받을 수 있을 것이라는 자조주의自助主義self-help spirits를 바탕으로 시장에서의 자유로운 거래를 통해 풍부하게 쏟아져 나오는 각종 상품을 소비할 수 있다고 생각했다. 하지만 실제 현실은 이런 기대에 부응하지 못했던 것이다.

더군다나 이러한 현실은 소위 사회적 다윈주의Social Darwinism에 의해 매우 정당한 것으로 해석되고 있었다. 사회적 다윈주의란, 찰스 다윈Charles Darwin(1809~1882)이 자연현상에서 찾아낸 적자생존 원리, 즉 환경에 적응하는 종은 살아남고 그렇지 못한 종은 도태한다는 원리가 사회현상에도 그대로 적용된다는 사상을 일컫는 것이었다. 이 사상에 의해, 현실의 부자들은 사회에 잘 적응하고 기여한 이들로서 그 대가를 받기에 충분하고 반대로 현실 세계에 넘쳐나는 가난한 사람들은 결국 도태되어야 하는 열등 유전자에 해당한다는 결론이 대중에게 널리 받아들여지게 되었다. 찰스 다윈의 『종의 기원』(1859)에 실린 다음과 같은 문구가 이를 잘 나타내주고 있다.

"이러한 투쟁을 고찰해볼 때 우리는 자연의 전쟁은 끊이지 않을 것이고, 공포는 느껴지지 않을 것이며, 죽음은 일반적으로 신속하게 다가올 것이며, 그리고 강한 자, 건강한 자, 행복한 자만이 살아

남고 번성할 것이라는 강한 신념을 갖게 됨으로써 우리 스스로를 위안하게 된다."(다윈, 2010)

이러한 생각을 적나라하게 보여준 또 다른 작품이 토머스 맬서스Thomas Malthus(1766~1834)의 『인구론An Essay on the Principle of Population』이란 책자였다. 1798에 출간된 이 책에서 맬서스는 '여주인의 만찬'이란 비유를 들고 있는데, 이 비유는 어떤 마을의 여주인이 자신의 생일날 선심을 베풀어 걸인들을 맞아들이면 결국 그녀의 생일잔치는 엉망이 되고 만다는 것으로 값싼 동정의 결과가 어떤 비극을 초래하는지를 말해주려고 고안해낸 것이었다. 이 책에서 맬서스는 유명한 인구법칙, 즉 기하급수적으로 인구는 늘어나는 데 비해 식량은 산술급수적으로 늘어나므로 장차 인류는 식량의 절대 부족이란 대재앙에 직면하게 될 것이라는 것을 심각히 경고하고 있다. 그렇기에 값싼 동정심으로 가난한 이들을 구제하는 것은 대재앙의 대비책으로 전혀 어울리지 않는 것이며, 오히려 기근, 전염병, 전쟁 등으로 열등 인간들이 자연스럽게 도태되는 것이 진정한 해법이라고 맬서스는 말하고 있다. 나아가 이것이 바로 진정으로 신神의 섭리라는 주장까지 서슴지 않고 있다.

이런 사상들에 의해 19세기 자본주의의 확립에 대한 정당성이 부여되고 있었지만, 현실에서의 무산대중의 빈곤은 사회의 커다란 전복 요인이 되고 있었음을 부정하기 어렵다. 특히 1830년대 공장입법the law of workhouse°을 시작으로 노동권 확보를 위한 입법 투쟁인 차티스트운동Chartist Movement에 힘입어 노동자들의 노동조건이 개선된 영국과는 달리, 유럽 대륙은 19세기 내내 노동자들의 폭력적인 저항의 물결이 드세게 일어났다. 그중에서도 1830년, 1848년경에 각각 일어난 유럽 전역의 혁명적 저항은 결국 잔인한 방식으로 진압되기는 하였지만, 1871년 노동자들의 자치 조직인 코뮌commune이 프랑스의 파리를 점거하는 사건이 일어남으로써 당시의 지배 세력들은 장차 대중의 저항이 어떤 결과를 가져올지 두렵게 지켜보아야 했던 것도 사실이다.

이렇듯 19세기는 한편으로 인류가 물질문명의 진보를 이루는 새로운 기초로서 자본주의가 출현한 세기라면, 또 다른 한편으로 이러한 체제가 안고 있는 내적 모순에 직면하여 대중의 고통과 이로 인한 소요, 혁명 등의 물결이 넘쳐나던 격동의 세기였다.

이런 양면성을 가진 당시의 질서를 새로운 각도에서 극복해보려는 시도가 19세기 끝 무렵 독일에서 일어났는데 바로 이것이 오늘날 복지국가의 형성에 중대한 전환점이 되었다. 프로이센 제국에서 강력한 통일국가로 전환한 당시의 독일은 이들 대중의 소요를 근본적으로 해결하기 위해 두 가지 방식을 동시에 취하였다. 당시 철의 재상宰相으로 알려진 오토 비스마르크Otto Eduard Leopold von Bismarck(1815~1898)는 우선 1878년 사회주의진압법을 통하여 불온한 사상을 유포시켜 노동자의 소요를 일으키는 주범들을 철저히 색출하고 격리하는 탄압 정책을 실시하였다. 반면 1880년대 들어서는 노동자들을 노동 현장에서 벌어지는 위험으로부터 보호하기 위한 대책으로 산업재해보험(1883년), 의료보험(1884년), 연금보험(1889년) 등의 대책들을 연달아 내놓게 되었다. 이전까지는 빈곤층을 교회에서 돕거나 아니면 국가에서 구빈원이나 작업장을 통해 보호하는, 오늘날로 말하면 공공 부조 제도가 사회적 방어책의 전부였다면, 비스마르크가 창안한 이 제도는 상당히 색다른 접근이 아닐 수 없었다. 19세기 말에 선보인 이들 제도는 자본주의하에서 복지 제도를 통해 무산대중이 빈곤에서 벗어날 수 있는 길을 제시해주었으며 이후 복지국가로까지 발전되는 디딤돌을 마련했다고 할 수 있다.

따라서 19세기는 자본주의의 출현과 더불어, 스스로 그 모순을 노출시킨 이 체제에 대한 해결의 싹이 동시에 등장한 세기라 말하지 않을 수 없다.

2. 20세기는 복지국가의 세기

완전고용의 유지를 목적으로 하는 지출에 있어서, 모든 시민을 위해 주택, 건강, 교육, 영양의 최저 수준을 충족하는 것과 미래 세대의 생활수준을 끌어올리기 위해 최소한의 투자를 하는 것에 우선순위가 인정된다.

- 윌리엄 베버리지, 「베버리지보고서」(1941) 중에서

인류의 역사는 진보의 역사이며, 인간의 존엄과 자유, 정의, 평등이 확대되는 과정이었다. 인류의 역사에서 가장 획기적인 생산성 증대라는 성과를 가져온 자본주의의 구축도 물질문명사에서 보면 진보의 역사임에 틀림없다. 그러나 이 체제는 다른 한편 공동체 정신을 파괴하고 적자생존의 잔인한 동물 세계의 법칙 아래 개개인

의 존립 근간을 흔드는 모순이 공존하는 아이러니한 제도였다. 이에 19세기 말—앞 장에서 말했듯이—오늘날의 용어로 하자면 사회보험제도가 창안되어 "일할 수 있는 자 일하며 자신의 능력껏 살아간다."는 자본주의의 대전제를 깨어버리는 새로운 접근을 통해 자본주의의 모순을 극복하려는 또 다른 진보의 역사가 본격화되었다.

특히 20세기 전반기 50년 동안 서구는 두 번의 세계대전과 한 번의 심각한 경제 대공황을 겪으면서 그 어느 때보다도 체제 위기와 사회 위기가 고조되었다. 더군다나 대안 체제로서 소련에 구축된 사회주의경제체제를 의식하지 않을 수 없었고, 이는 복지국가의 도입과 정착에 보이지 않는 추동력이 되었다. 즉 1919년에 제1차 세계대전이 끝나고 본격적으로 자본주의와 사회주의의 체제 경쟁이 시작되면서, 구미 선진 자본주의 국가들은 전쟁으로 피폐화된 자국 국민들을 사회주의의 도전으로부터 격리시키고 자본주의가 더 우월한 체제라는 점을 각인시키기 위해 이미 고안된 사회보험제도를 적극적으로 받아들이게 되었다. 나아가 1920년대 말엽부터 불어닥친 세계적인 대공황과 제2차 세계대전을 거치는 가운데 사회보장제도는 더욱 확대·정립되는 단계를 밟게 되었다.

특히 1911년에 영국에서 공식적으로 실시된 실업보험과 1921년 오스트리아에서 시작된 가족수당(혹은 아동수당) 두 가지 새로운 제도는 20세기 복지 제도의 대대적인 확장을 알려주는 의미심장한 것이었다. 실업보험이야말로 자본주의 원리에 상당히 반하는 제도임에 틀림없었다. 자신의 노동력으로 자신의 생계를 책임지는 자조 정신의 원리에서 볼 때, 멀쩡히 일할 능력이 있는 자가 단순히 실업자라는 이유로 사회적 지원의 대상이 된다는 것은 매우 파격적인 사고가 아닐 수 없었다. 그렇지만 한때 '해가 지지 않는 나라'로 세계를 지배하였던 대영제국, 자본주의의 역사가 가장 먼저 시작된 그 나라도 대중의 빈곤을 해소하는 일이 여전히 어려운 난제였기에 실업으로 인한 빈곤의 고통을 완화하기 위하여 매우 창발적인 제도인 실업보험을 도입하기에 이른다. 가족수당 역시 가족구성원의 부양의무는 그 가족의 가장에게 부과된 고유한 책무라고 여겨졌던 이전까지의 사고방식과는 배치되는 것이었다. 그러나 아동의 양육으로 인해 추가적인 가계 지출이 있게 마련이고 이를 지출할 능력이 없어 아동의 양육에 소홀해지거나 혹은 가족 전체가 빈곤층으로 전락하는 경우 이는 단순히 한 가구의 불행이 아니라 사회 전체를 위협하는 사회적 위험social risks이라는 사고를 전제로 가족수당이 도입되기에 이르렀다.

그리고 이러한 개별 국가에서의 노력들이 한 나라의 복지국가로서의 상像으로 어떻게 귀결될 것인지에 대해 매우 체계적이고 합목적적인 그림을 제시한 이가 영국의 윌리엄 베버리지William Beveridge(1879~1963)였다. 그가 1941년 정부에 제출한 유명한 보고서인 일명 「베버리지보고서」, 원제목 「사회보험 및 관련 서비스

Social Insurance and Allied Services」는 '요람에서 무덤까지' 책임지는 국가의 전략으로서 완전고용의 유지, 균일한 급여를 중심으로 한 사회보험 체계 수립, 포괄적인 의료보장 체계 구축, 아동수당의 도입 등을 제시하기도 하였다. 어쨌든 이 보고서는 단지 영국 사회보장 체계의 원리가 되는 것을 뛰어넘어 전후 유럽 국가들이 추진할 복지국가의 전범 역할을 하게 되었다.

〈표 1〉을 보면 제2차 세계대전이 끝나는 시기 전후에는 대다수 국가가 실업보험과 사회수당을 도입함으로써 복지국가로서의 기본 틀을 이미 완성하였음을 알 수 있다. 더군다나 독일, 스위스 등은 이미 1900년에 국내총생산액(GDP)의 3%를 복지비에 쓰고 있었으며, 여타 많은 유럽 국가의 복지비가 1920년대에 이미 3%선을, 그리고 불황기인 1930년대에 5%선을 넘었던 것이다. 이로써 1940년대 중반까지의 세계사적 대격변기에도 불구하고 오히려 복지국가로서의 기틀은 보다 공고히 확립되었음이 증명된다 하겠다.

제2차 세계대전이 끝나고 1973년 석유파동이 있기까지 선진국 경제는 인류 역사상 가장 눈부신 성장을 하였다고 평가된다. 그야말로 이 시기에 서구 국가들은 경제성장의 황금시대를 구가하였다고 할 수 있다. 그 30년 동안 선진국 경제는 고성장, 저실업, 저물가 상승률이라는 안정된 경제상을 구현하였고 이는 사회보장의 팽창에 결정적인 영향을 미치게 되었다.

이 시기야말로 대다수 선진 국가가 복지국가를 완성 지은 시기

〈표 1〉 서구 국가들의 복지국가 도입 및 정착 경과

국가	실업보험 도입 연도	가족수당 도입 연도	사회보장비/GDP	
			3%선	5%선
프랑스	1905	1932	1921	1931
노르웨이	1906	1946	1917	1926
덴마크	1907	1953	1908	1918
영국	1911	1945	1905	1920
네덜란드	1916	1940	1920	1934
핀란드	1917	1948	1926	1947
이탈리아	1919	1936	1923	1940
벨기에	1920	1930	1923	1933
오스트리아	1920	1921	1926	1932
스위스	1924	1952	1900	1920
독일	1927	1954	1900	1915
스웨덴	1934	1947	1905	1921
미국	1935	–	1920	1931
뉴질랜드	1938	1926	1911	1920
캐나다	1940	1944	1921	1931
호주	1945	1941	1922	1932

- 출처: Pierson(1991)

로서 사회서비스social service상의 다양한 프로그램을 개발함은 물론, 이미 도입된 다양한 복지 제도의 내실을 견고히 한 시기였다고 할 수 있다. 일본과 미국, 캐나다를 예외로 할 때 대부분의 구미 국가가 1960년대에 GNP 대비 10%선의 복지비를 지출하였고 1970년대 중반에는 20%선까지 질주하였다. 특히 1950년대 이후 북구의 스웨덴의 복지 지출 추세는 여타 국가들보다 월등히 빨라 스웨덴은 복지 선진국으로서의 지위를 부여받게 되었다.

결과적으로 이 시기는 복지 제도의 포괄성과 복지 수혜자의 보편성 및 복지 혜택의 적절성이 달성되는 특성을 나타내고 있으며 이로써 복지국가 발전 단계의 절정을 이루었다고 하겠다.

석유파동 이후의 선진국 경제는 1990년대까지 긴 스태그플레이션의 터널을 거쳐야만 했다. 경제협력개발기구(OECD) 국가들의 평균 성장률은 2% 내외였으며, 실업률은 5%를 상회하고, 물가 상승률도 10%에 육박하는 수준이었다. 이러한 불황 속에 물가고가 지속된 원인이 무엇인지에 대한 논란은 차치하고라도 당장 선진국 내부에서는 이 같은 불황을 극복하기 위한 정부의 노력 가운데 하나로서 불필요한 예산의 축소를 부르짖게 되었고 사회보장과 관련된 예산은 언제나 적절한 공략 목표가 되었다. 더 나아가 신보수주의자들neo-conservatives의 목소리와 주장이 득세하기 시작하여 스태그플레이션의 원인이 그간의 과대한 복지 비용 지출에 있었다는 논거까지 등장함으로써 바야흐로 '복지국가 위기론' 내지 '복지국가 망국론'으로 연결되기에 이르렀다.

바로 그러한 논리를 근거로 영국의 대처 정부와 미국의 레이건

〈표 2〉 선진국 및 중진국의 GNP 대비 사회보장비의 비중(%)

국가		1975	1980	1983	1984	1985	1986
선진국	캐나다	13.8	13.6	16.5	16.2	16.2	–
	미국	12.8	12.3	13.5	12.5	12.6	16.2
	일본	8.9	11.2	12.3	11.7	11.7	12.2
	프랑스	23.9	26.3	28.9	29.0	28.7	28.6
	서독	23.7	24.0	24.3	24.1	23.8	23.4
	영국	17.1	18.1	20.3	20.6	20.3	20.4
	스웨덴	25.0	31.9	33.3	30.4	30.7	31.3
중진국	아르헨티나	6.8	9.3	7.3	7.3	5.9	6.1
	브라질	5.2	5.3	5.7	5.1	4.8	5.0
	멕시코	2.5	2.6	2.6	2.7	2.5	2.7
	싱가포르	3.0	3.7	8.0	12.3	13.0	14.7

- 출처: ILO(1992)

정부에 의해 복지비의 삭감과 사적 시장 영역의 적극 도입이 본격화되었다. 〈표 2〉에서 나타나듯이 이 시기의 주요 선진 국가들의 GNP 대비 사회보장비의 비중은 정체 내지 약간의 하강 추세를 보이고 있다.

그러나 이러한 추세 속에서 복지비의 상대적 비중 및 증가율의 수준은 둔화되었지만 그 지출 절대액은 감소되지도, 경제성장률에 대비하여 그다지 낮은 증가율을 보이지도 않았다는 점에서 '복지 지출의 불가역성 명제thesis of the irreversibility of welfare expenditure'를 입증하는 것이라는 주장을 낳기도 하였다. 더군다나 1990년대 들어서는 복지 부문의 위축을 부정하는 사람들이 '회생되는 복지국가resilient welfare state'를 주장하고 나섰다.

사회보장 체계가 안정적으로 확립된 복지 선진국의 상태를 대변하는 용어로서 '복지국가welfare state'는 가장 일반적으로 사용되고 있는 단어이다. 이 복지국가에 대한 엄밀한 개념 역시 논란의 대상이지만 가장 쉽게 표현한다면 사회보장제도를 통하여 국민의 안정과 복리를 증진시키는 것을 국가의 책무로 인식하고 있는 국가라고 할 수 있을 것이다. 미쉬라R. Mishra는 복지국가의 3대 조건으로 완전고용의 실현, 국민 기본선national minimum°의 확보, 보편적 사회 서비스의 확립 등을 제시함으로써 복지국가가 갖추어야 할 구체적인 정책 기조를 밝히기도 하였다.

종합적으로 길버트N. Gilbert는 20세기와 함께한 서구의 복지국가가 1930년대까지의 태동기, 1950년대까지의 성장기, 1960, 70년대의 성숙기, 그리고 1970년대 중반 이후부터의 축소 또는 조정기 등 몇 개의 단계를 거쳐 오늘날에 이르게 되었다고 서술하기도 한다.

결국 19세기 인류가 자본주의를 정착시켰다면 20세기 인류는 복지국가를 접목시킴으로써 인류 역사의 진전에 주요한 발판들을 만들어왔다 할 것이다.

3. 복지국가 이념, 어떻게 생성되었는가?

『공산당선언』에서 서술되고 있는 근대사회의 발전 과정에 대한 예측은, 이런 발전 과정의 일반적 경향을 특징적으로 묘사한 것이라는 점에서만 옳다. 그러나 그것은 여러 가지 세부적인 결론에서는 틀린 점도 있는데, 특히 이런 발전에 소요되는 기간을 추정하는 데서는 더욱 그러하다. 경제 발전 과정에 소요되는 기간이 애초에 전제되었던 것보다 훨씬 길어졌다면 이러한 예측되지 못했고 또 예측될 수 없었던 여러 가지 형태가 받아들여지고 또 새롭게 정리되어야 하는 것은 당연한 일이다.

- 에두아르트 베른슈타인, 『사회주의의 전제와 사민당의 과제』(1899) 중에서

오늘날 복지국가의 이념적 원류를 찾아가자면 19세기 후반과 20세기 초에 정착된 사회민주주의Social Democracy를 논하지 않을 수

없다. 그리고 사회민주주의는 맑스K. Marx(1818~1883)의 사상에 본류를 두고 있음도 부정할 수 없다. 이러한 맑스의 사상과 사회민주주의 이념 모두 자본주의라는 현실 세계의 부조화를 탈피해보고자 고민한 결과의 소산이다. 그렇다면 자본주의는 어떤 체제이며 어떤 원리를 지니고 있는지부터 따지는 것이 복지국가의 이념과 가치를 밝힘에 있어 선행되어야 할 것이다.

자본주의! 물론 자본주의도 하나의 개념이나 정의로 설명할 수 없을 만큼 부단히 변화하여왔고 진화되어왔다. 자본주의가 적어도 200년의 역사를 거치면서 오늘날까지 존속할 수 있었던 것도, 그리고 사회주의 체제와의 냉전적 대결에서 승리하여 전일적專一的인 세계 체제로 이 시간에 존재할 수 있는 이유도 '자본주의의 놀라운 변용력', 즉 시대와 환경에 따라 유연하게 변해왔던 힘에 있었다고 주장되기도 한다.

그렇다고 자본주의의 본성 자체가 존재하지 않는다거나 개념 정의를 내릴 수 없다는 것은 아니다. 분명 자본주의의 원래적 속성은 초기 자본주의의 형성 과정에서 구체제라고 불리는 봉건주의와는 확연히 다른 성격으로 등장하였고 그것은 지금까지도 상당 정도 유효한 속성으로 인정되고 있다. 그러면 초기 자본주의, 일명 자유자본주의free capitalism에서 확인된 속성은 무엇인가?

가장 핵심적인 것은 자본주의는 자본가와 노동자가 계약을 통해 결합하여 상품을 생산하는 체제라는 것이다. 이를 위해 필요한 형식적인 조건은 시장의 존재, 사적 소유제의 확립, 계약의 자유 등이 될 것이다. 그러나 이러한 외형적인 속성과 조건에도 불구하고 그 내면의 본질이 어떻게 구성되어 있는가에 대해서는 19세기의 비판적 지식인들을 주목할 필요가 있다. 특히 맑스의 경우, 이러한 새로운 경제체제는 엄청난 모순을 지닌 채 끊임없이 인간을 소외시키는 반反인간적 체제라고 규정하였다.

맑스는 자본주의의 최대 모순으로, 노동자의 노동으로부터 탄생되는 잉여가치가 부의 원천임에도 자본가에 의해 그것이 모두 취해지는 특성을 꼽았다. 그는 노동가치설에 입각하여 모든 생산물의 가치는 투여된 노동량에 의해 결정된다고 보고, 결국 '죽은 노동', 즉 과거에 투입된 노동의 축적물인 기계나 원료는 그 안에 있는 죽은 노동량을 새로운 생산물에 전이시킬 뿐이어서 새로운 가치를 창출할 여지가 없다고 한다. 그러나 인간이 가진 노동할 수 있는 힘, 즉 노동력은 자신이 받는 임금보다도 더 많은 가치를 생산하도록 강요당하게 되고 그 차이만큼이 자본가가 얻게 되는 이윤의 원천인 잉여가치가 된다고 보았다.

따라서 그는 자본주의가 노동력 착취의 대가로 지탱되는 사회적 모순을 지녔다는 점을 주목하게 된다. 물론 이러한 논리와 그 결론은 노동가치설 위에서만 성립하므로 다른 전제와 가정하에서는 전혀 받아들일 수 없는 일방적인 주장일 수도 있다. 맑스가 죽은 후 수많은 사람이 잉여가치설의 정당성을 둘러싸고 엄청난 논쟁을 벌여왔지만, 적어도 자본주의하에서 노동력이 하나의 상품으로 간주되어 임금과 맞바꾸어짐으로써 노동자들이 생산과정에서 소외되고 하나의 부품이 될 수 있다는 점을 드러냈다는 점에서 잉여가치설이 가지는 최소한의 의의는 인정할 수 있다. 맑스는 이러한 노동의 상품화가 결국 형식적으로 노동자와 자본가 간의 자유로운 계약의 산물이라지만, 노동자가 자신의 생계유지를 위해 어쩔 수 없이 자본가에게 종속되는 계약을 할 수밖에 없는 점은 하나의 '경제적 강제'라고 보았다. 그에 의하면 이러한 강제력은 실제로 "프로메테우스를 묶어놓은 것보다도 더 강고한" 쇠사슬에 해당하는 것이요, 이것 자체가 자본주의하에서 살고 있는 노동자의 비극이라고 보았다. 또한 맑스는 자본주의하에서 이런 노동자를 그 불행으로부터 해방시키는 것이 역사의 발전에 필수적이라고 확신하였다.

그가 적시한 자본주의의 또 하나의 모순은 소유의 법칙과 생산의 법칙 사이에 개입된 불일치였다. 왜냐하면 생산은 한 사회, 더 나아가 국제적 차원으로까지 연결되어 다양한 노동자와 생산 재료의 동원에 의해 이루어진다는 의미에서 '사회적' 성격을 지니고 있으나, 소유는 자본을 지닌 자본가들이 임금 등의 대가를 지불한 뒤 오로지 자본가에 의한 소유로 귀결됨으로써 지극히 '사적인' 성격을 지니기 때문이었다. 따라서 맑스는 사회적 차원의 생산과 개인적 차원의 소유의 불균형이 거시적으로 볼 때 생산과 소비의 불일치를 가져오는 모순이 된다고 본다. 그리고 그는 이것이 자본주의 경제체제 전체에 때때로 불황 혹은 공황과 같은 불안정성을 가져다줄 것이라고 예견함으로써 자본 전체도 위협받게 된다고 본다.

따라서 맑스는 인간에 의한 인간의 착취와 거시적인 불안정성을 가진 자본주의는 역사의 거시적 변화를 설명하는 유물사관에 입각하여 필연적으로 사회주의라는 과도기를 거쳐 최종 단계인 공산주의로 이어질 수밖에 없다고 확신하게 된다. 이때 사회주의 단계는 '능력에 따라 일하고, 노동한 몫만큼 분배받는from each according to his ability, to each according to his labour 사회'로서 과도기적인 사회이고, '능력에 따라 일하고, 필요에 따라 분배받는from each according to his ability, to each according to his needs 사회'인 공산주의 단계야말로 궁극적인 지향점이라고 보았다. 이 길은 자본의 유기적 구성 고도화의 법칙°, 이윤율의 경향적 저하의 법칙°에 의해 필연적으로 오게 되어 있지만, 노동자들이 자신들을 둘러싼 착취와 압제의 사슬을 끊어내는 주체적 결단이 먼저 올 수밖에 없어 이른바 '프롤레타리아혁명'이 도래한다고 보았다.

그러나 현실은 이러한 맑스의 생각처럼 움직이지는 않았다. 19세기에 각종 혁명과 혼란으로 유럽 대륙이 얼룩졌지만 결국 공산주의로 갈 수 있을 만한 높은 생산력을 소유한 발달한 선진 자본주의 국가에서 이러한 프롤레타리아혁명이 일어나지는 않았다. 그 대신 두 갈래의 예상치 못한 길만이 이후의 역사에서 나타났다. 첫째는 '자본주의 외부의 혁명'이라 할 수 있는 것으로 자본주의의 초기 발달 과정에서 정치, 군사적 승리를 통해 아예 비자본주의적 길을 걷는 경우(구소련, 중국, 쿠바, 동유럽, 북한 등)이고, 둘째는 '자본주의 내부의 혁명'이라 불리는 것으로 수정자본주의 또는 사회민주주의의 길(대다수의 서구 유럽 국가)로 들어선 경우이다.

특히 후자인 사회민주주의의 길은 먼저 독일에서 열렸다. 19세기 말 독일사회민주당 내 베른슈타인Eduard Bernstein(1850~1932)을 위시한 온건파와 로자 룩셈부르크Rosa Luxemburg(1871~1919), 칼 카우츠키Karl Kautsky(1854~1938)로 대변되는 강경파 사이의 갈등이 심화되었는데, 이런 가운데 베른슈타인은 기존의 맑스주의가 표방한 자본주의의 공식적 경로를 부정하게 된다. 즉 자본주의가 프롤레타리아혁명으로 인해 종식되기를 기다리기 전에 체제 내적 변화를 꾀하는 것은 정당한데, 핵심은 '궁극적인 목적(프롤레타리아혁명)보다는 운동(노동자 대중의 삶의 질 개선)'이라는 명제하에 이른바 수정자본주의를 내걸게 된다. 결국 이 지점에서 온건파들은 맑스주의 및 구소련 중심의 공산주의와 결별하며 독특한 자본주의의 내적 발전의 경로를 선택하게 된 것이다. 더군다나 독일 주도의 제1차 세계대전을 전후하여 룩셈부르크, 카우츠키 등의 강경파가 몰락하며 온건파가 자연스레 사회민주주의의 흐름을 주도하게 된다.

이후 나라마다 양태는 다르지만, 노동자 대중의 복지 증진을 위한 적극적 노력(비스마르크 식 사회보험의 확대)과 창의적 발상

(실업보험, 사회수당제 등)이 사회민주당 또는 노동당에 의해 관철되기에 이르렀고, 구소련 중심의 사회주의 체제와 간전기間戰期의 우익 파시스트 등장, 전쟁 국가warfare state 등에 대응하는 과정에서 심지어 보수 정부까지도 적극적 복지 체제의 구축을 선도(「베버리지보고서」 등)함으로써 대부분의 서구 유럽 국가는 자연스럽게 복지국가 체제로 들어서게 되었다.

좌파the left에 의해 촉발된 이러한 전 과정을 제프 일리Geoff Eley(1949~) 같은 이들은 민주주의 이념의 확산으로 보기도 하는데, 이렇듯 복지국가의 이념은 사회민주주의라고 할 수 있다.

물론 사회민주주의도 분화되어 커다랗게 세 가지로 구분된다. 첫째는 사회적이고 민주적인 복지국가의 건설만을 겨냥하는 개량주의가 있다. 이 유형의 개량주의는 자본주의사회 및 경제 질서의 본격적인 개혁을 목표로 하지 않는다. 완전고용, 경제성장, 통화가치의 안정, 사회적 생산물에 대한 노동자계급의 "적절한 몫", 사회보장, 정치적 민주주의 및 법치국가의 유지와 건설, 그리고 교육제도 및 문화생활에서의 모든 시민의 기회균등 등을 확보하기 위해 노력한다. 둘째는 사회적 민주주의를 목표로 하는 개량주의로서 첫 번째 유형과는 달리 부분적으로 자본주의의 구조적 개혁을 시도한다. 이 유형의 개량주의도 생산수단의 사유와 시장경제 등 자본주의의 기본 구조를 문제 삼지는 않으나, 기간산업의 사회화를 포함한 여러 공공적 경제 통제와 경제적·사회적 계획을 적극적으로 실현하고자 한다. 그리고 세 번째로는 맑스주의적 토대 위에 설정된 사회주의의 목표를 앞에서 이야기한 '개량주의적' 방식으로 추구하고자 하는 좌파 사회민주주의적 또는 유러코뮤니즘Eurocommunism°적 개량주의의 유형이 있고, 이는 사회주의의 맑스주의적 정향에 중점을 둔다고 말할 수 있다. 그러나 어떤 경우든 복지국가의 구축은 기본 요소로 인정할 수 있을 것이다.

이러한 사회민주주의적 이념하에 복지국가가 추구하는 가치는 매우 다양하게 나열할 수 있지만 크게 세 가지를 대표적인 가치로 꼽아본다.

첫째, "인간 존엄"을 들 수 있는데, 이는 자신의 능력과 소양을 개발하려는 의지와 실천(적극적 자유)을 통해 발현되는 인간의 고유한 품격이다. 존엄은 한 개인이 지식·건강을 토대로 능력을 개발하고, 문화적·윤리적 소양을 증진시켜나갈 때, 그리고 개인의 자유를 제약하는 구조와 제도를 인식하고 제거하기 위해 노력하는 적극적 자유를 실천할 때 얻어지는 것이다. 개인의 능력과 소양 개발과 실천적 자유를 제약하고 기회를 주지 않는 사회나 정부는 개인의 존엄을 얕보는 것이다. 따라서 복지국가는 구성원 모두의 인간 존엄성을 보장하는 것을 기본 가치로 삼는다 할 수 있다.

둘째, "사회연대"를 들 수 있는데, 이는 타인의 존엄을 존중하고 호혜적 공존을 추구하는 개인이 타인들에 대해 가지는 공동체적 동료 의식을 의미한다. 인간은 애초부터 홀로 살 수 없는 존재로 상호 의존적일 수밖에 없기 때문에 공동체적 원리를 통해 서로 간의 결점을 보완하고 궁극적으로는 사회적 대처 능력을 증진시켜나간다. 이것은 생물계에서도 흔히 나타나는 현상으로서, 인간 역시 개체로서는 매우 유약한 존재라는 사실을 전제로 한다.

셋째, "사회정의"를 들 수 있는데, 이는 구성원에 대한 보편적 인간애를 바탕으로 공정성이 보장되는, 국가 운영의 원칙이 되는 가치이다. 이것은 개인과 개인이 서로 모여서 공동체를 이루어 살 때, 공동체의 차원에서 사회 전체, 국민국가를 운영할 때 지켜야 할 아주 중요한 가치이다. 결국 공정하고 투명한 원칙에 의해 국가가 운영될 때, 그리고 다른 국가의 국민들과 동등하고 호혜적인 관계를 추구할 때 진정한 의미의 정의라는 가치가 실현되는 것이다. 자선 역시 사회정의가 실현된 뒤 발동되어야만 비로소 인간애의 의미를 지닐 수 있다는 주장도 가능하다. 즉 "정의가 끝난 지점에서 자선은 시작된다The benevolence begins, where the justice ends."는 명제로 이를 표현할 수 있을 것이다.

이렇듯 복지국가의 이념적 기원과 그 기저에 깔린 가치를 생각할 때 복지국가는 사회 구성원 모두가 어떻게 하면 좀 더 인간답게 살 것인가에 대하여 인류가 개발한 하나의 해법이라고 할 수 있다.

복지국가는 자본주의를 부정하는 것도 아니요, 그렇다고 자본주의를 절대선으로만 보고 충실하자는 것도 아니다. 어쩌면 복지국가는 이미 자본주의의 변화된 한 유형이다. 애초 18, 19세기에 보여주었던 자유 자본주의에 충실한 이념만으로는 사회 구성원 모두의 삶이 보장될 수 없다는 경각심이 인간 존엄과 연대, 사회정의의 이념을 자본주의에 접목시키는 방식을 통하여 새로운 길을 모색하도록 한 것이다.

복지국가. 결국 '사회 안의 인간'이 어떻게 그 인간다움을 누릴 것인가에 대한 20세기 인류의 답이다.

4. 복지국가의 다양한 유형

> [복지국가에 대한] 교과서적인 정의는, 그것이[복지국가가] 시민을 위한 기본적인 복지 수준을 보장하기 위해 국가가 책무를 다하는 것과 관계된다는 것이다.
> 복지국가란 그것이 부여하는 권리라는 측면에서만 이해될 수 없다. 우리는 국가의 활동이 사회적 급여social provision를 제공함에 있어 시장과 가족의 역할과 어떻게 연동되어 있는지를 설명해야만 한다.
>
> - 요스타 에스핑-안데르센, 『복지 자본주의의 세 가지 세계』(1990) 중에서

오늘날 사회보장에 대한 국가의 책임을 기본으로 하는 복지국가들의 내적인 특성은 다양하지만 우리는 이를 몇 가지로 유형화할 수 있다. 그러나 이러한 유형화 작업은 그 기준을 무엇으로 정하느냐에 따라 매우 다양한 결과를 낳을 수밖에 없는 것도 사실이다.

그럼에도 불구하고 이제까지 개발된 복지국가 유형화의 기준들은 다음과 같이 몇 가지로 정리될 수 있다.

① 사회복지 지출에 따른 유형화

② 사회복지 프로그램의 도입 시기에 따른 유형화

③ 복지국가 성격의 개념적 분석에 따른 유형화

④ 복지국가정책의 결정 요인에 따른 유형화

⑤ 복지국가 프로그램의 내용 분석에 따른 유형화

등이 그것이다.

여기에서는 복지국가의 사회보장 정책이 갖는 성격을 중심으로 질적 구분을 시도하는 세 번째 유형화를 중심으로 다양한 분류법을 알아보기로 한다.

제일 먼저 '잔여적'-'제도적' 복지국가로 구분하는 것이다. 윌렌스키H. L. Wilensky와 르보C. N. Lebeaux가 주장한 잔여적residual 복지제도와 제도적institutional 복지 제도라는 분류법은 복지국가에 대한 분류 개념 틀로서는 가장 오래되었고 또한 가장 흔히 사용되는 것이기도 하다.

이들에 의하면 전자에서는 정부의 역할은 매우 제한적이어서 개인, 가족 및 시장이 사회복지 욕구의 해결에 있어 정상적인 작동을 하지 못할 때에 한하여 정부가 개입하는 것을 원칙으로 한다. 이들 나라에서는 사회보장의 수준이 상대적으로 낮을 수밖에 없고 복지서비스는 욕구에 따라 주어지기보다는 자격 여부에 따라 제공되는 특징을 갖는다. 반면에 후자에서는 국가의 역할이 극대화되고 급여는 하나의 사회권에 의하여 보장되며 사회보장이 보편적이고 광범위하게 존재하는 경향이 있다. 일반적으로 미국이나 일본이 전자의 예로, 북구 여러 나라가 후자의 전형적인 예로 간주되고 있다.

다음으로는 '잔여적'-'산업적 업적주의'-'제도적 재분배' 복지국가로 구분하는 것이다. 티트머스R. M. Titmuss는 복지국가의 모형이라고 직접 언급한 것은 아니지만 기본적으로 복지 정책이 시장으로부터 얼마나 괴리되어 있는지에 따라 세 가지 유형화가 가능하다고 하였다.

첫 번째가 잔여적 모형인데, 복지 욕구는 시장이나 가족에 의하여 충족되고 그것이 파탄되었을 때만 사회보장이라는 안전망이 기능하기 시작하며 그것도 일시적으로 그치고 마는 경우이다.

두 번째로는 산업적 업적주의 모형인데, 여기서는 사회보장이 경제적 요구에 부응하는 부속물로서의 의미가 강하다. 결국 사회보장에 대한 요구는 그 성과나 업적이 생산성에 부응하느냐에 따라 충족되며 나아가 계급이나 집단에의 충성심의 형성도 중요한 기제가 된다.

세 번째는 제도적 재분배 모형으로서, 이는 '시장의 외부에 보편적인 서비스를 제공하는 사회의 중요한 통합 제도'가 존재하고 이것이 '기본적으로 자원 지배력을 재분배하는 기제'를 조성하고 있는 경우이다.

티트머스 본인은 미국을 잔여적 모형의 전형으로, 영국을 잔여형과 산업적 업적주의의 혼합형으로, 북구 여러 나라를 제도적 재분배 모형의 예로 거론하고 있다.

또 다른 분류법으로는 '적극적 국가'-'사회보장국가'-'사회복지국가'로 구분하는 것이다. 퍼니스N. Furniss와 틸톤T. Tilton은 대부분의 민주주의 국가에서는 시장에서 발생하는 여러 문제에 정부가 개입하고 있지만 중요한 것은 그 개입의 정도라고 본다.

"…… 중요한 문제는 어떤 국가가 개입 정책을 취하고 있다는 것이 아니라 그 국가가 과연 어떤 목적을 지니고 어떤 정책을 취하고 있느냐 하는 점이다. 역사적인 경위를 따져볼 때, 이러한 서로 다른 개입의 정도는 세 개의 형태로 구분되는데 그것이 적극적 국가, 사회보장국가, 사회복지국가이다."(Furniss and Tilton, 1933)

이들의 유형론에 따르면 적극적 국가는 국가 개입의 범주를 다음과 같은 경우로 한정시킨다. 즉 소비의 고수준을 유지하기 위한 완전고용의 유지, 경제적 효율의 증진에 필요한 경우로만 한정하는 것이다. 이러한 개입은, 무절제한 시장이 초래하는 여러 문제로부터 유산자들을 보호하고 동시에 사회 구성원들 안에서 발생하는 재분배에 대한 요구로부터 이들을 보호하기 위해 필요한 범위에 한해서만 정당화된다. 이 모형에 속하는 국가는 효율성이나 동기부여를 저해하는 것에 대해 매우 민감한 프로그램들을 동원하고 있으며 공적, 사적 재원을 모두 확보하려 한다. 따라서 사회보험 프로그램에 중점을 두는 경향이 있다. 이 모형은 앞의 티트머스 기준에 따르면 잔여적 복지국가 모형과 유사하나 사회보험제도의 위상을 고려할 때는 어느 정도의 이질성이 엿보인다.

두 번째의 사회보장국가는 적극적인 국가와 같은 성격을 띠지만 경제정책상의 관심과 사회정책상의 관심을 구분하고 있다는 점에서 구별된다. 즉 사회정책의 경우에는 효율성의 관점을 전면적인 조건으로 하지 않고 국가는 소득이나 교육, 보건 서비스에의 접근성 등의 측면에서 국민적 최저선을 보장하는 것이 중요한 것이다. 바로 이 점이 이 유형을 적극적 국가와 구별하게 하는 요체이다.

세 번째의 사회복지국가는 경제적 목표보다는 사회적 목표를 우선적으로 설정하는 국가로서 사회보장국가의 접근보다도 훨씬 급진적인 접근법을 택하고 있다. 특히 사회복지국가는 평등성을 확보하기 위하여 보다 급진적인 수단을 동원하며 사회정책과 조화를 이루기 위한 경제정책 및 임금정책을 취하곤 한다. 또한 이 복지국가에서는 사회생활에 관한 중요 부문이 시장의 원리에 지배받지 않도록 하기 위해 공공서비스를 적극 활용하게 된다.

마지막 분류법으로 소개할 것은 '자유주의적'-'조합주의적'-'사회민주주의적' 복지국가로 구분하는 것이다. 에스핑-안데르센 G. Esping-Andersen이라는 저명한 복지학자는 복지국가 '체제-유형 regime-types'을 세 부류로 나누는데, 그 기준은 국가, 시장 및 가족이라는 세 객체의 위상이 어떻게 상이한가에 있다.

우선 첫 번째 부류는 자유주의적 복지국가로서, 이는 앞선 분류 체계에서의 잔여적, 적극적 복지국가와 마찬가지로 효율성의 저해를 강하게 의식하며 사적 보험을 장려하는 것이 그 특징이다. 따라서 이러한 체제에서는 자산 조사means-test에 의한 보조 등의 방법이 동원되며, 저소득 노동자나 국가에 의하여 보호될 필요가 있는 자들이 주로 지원 대상이 된다.

두 번째 부류인 조합주의적 복지국가에서는 시장의 효율성이나 노동력의 상품화가 그다지 중요시되지 않는다. 그 대신 사회복지 급여는 계급이나 사회적인 지위와 밀접하게 결부되어 제공된다. 또한 민간 보험이나 기업 복지를 강조하기보다는 국가책임하의 사회보험을 동원하지만 사회적 지위에 따른 접근의 상이성을 유지하므로 재분배 효과는 거의 없고 탈상품화*효과에도 한계가 존

* 탈상품화란 노동시장을 통하여 자신의 노동력을 팔지 않고도 소득이 보장되는 정도를 말하는 것으로서, 에스핑-안데르센은 국민연금, 질병보험, 실업보험 등 세 개의 프로그램을 중심으로 직접 탈상품화 지수를 나타내려 하였다. 이 지수를 위하여 그는 다섯 개의 변수를 선정하였다. 즉 ① 최저 급여액의 평균 근로자 임금에 대한 비율, ② 평균 급여액의 평균 근로자 임금에 대한 비율, ③ 급여를 받는 데 필요한 기여 연수, ④ 전체 프로그램 재원에서 수급자가 지불하는 비율, ⑤ 실제 수급을 받는 자의 비율 등이 그것이다. 이 지수값에 따른 각국의 탈상품화 정도는 다음과 같다. 호주 13.0, 미국 13.8, 뉴질랜드 17.1, 캐나다 22.0, 영국 23.4, 이탈리아 24.1, 일본 27.1, 프랑스 17.5, 독일 27.7, 핀란드 29.2, 스위스 29.8, 오스트리아 31.1, 벨기에 32.4, 네덜란드 32.4, 덴마크 38.1, 노르웨이 38.3, 스웨덴 39.1(에스핑-안데르센, 2006: 52).

재한다.

세 번째 부류인 사회민주주의적 복지국가는 탈상품화 효과가 가장 큰 경우로서 보편주의 원칙과 사회권이 인정된다. 이들 국가는 국가와 시장, 노동계급과 중간계급 간의 대립의 완화와, 국민 기본선이 아니라 국민 최대한national maximum의 보장과 평등성을 추구하는 경향이 강하다. 또한 가족의 복지 능력에 대한 기대가 크지 않고 사전적인 국가책임에 의한 안전망 구축이 당연시되며 완전고용정책의 추구로 인해 일할 권리와 사회복지에의 권리가 병존하는 정책을 추구하는 특징도 지닌다.

에스핑-안데르센의 이 분류법을 좀 더 쉽게 구분하자면, 자유주의적 복지국가는 '앵글로-색슨형Anglo-Saxon model'으로서 여기에는 영국, 미국, 호주, 캐나다 등이 해당되고, 조합주의적 복지국가는 '유럽 대륙형Continental European Model'으로서 여기에는 독일, 프랑스, 오스트리아 등이 해당된다. 사회민주주의적 복지국가는 '북구형' 또는 '노르딕형Nordic Model'으로서 여기에는 스웨덴, 핀란드, 노르웨이, 덴마크 등이 해당된다.

이상의 분류 기준들을 구체적으로 적용하여 복지 선진국들을 분류해보면 다음의 〈표 3〉과 같다.

〈표 3〉 복지국가의 분류 기준에 따른 국가별 구분

<table>
<tr><th>분류자
대상 국가</th><th>티트머스</th><th>퍼니스와 틸톤</th><th>에스핑-안데르센</th></tr>
<tr><td>스웨덴
노르웨이
네덜란드</td><td>제도적</td><td>사회복지</td><td>사회민주주의적</td></tr>
<tr><td>독일
프랑스
스위스</td><td>산업적 업적주의</td><td rowspan="2">사회보장</td><td>조합주의적</td></tr>
<tr><td>영국
호주</td><td>(?)
(?)</td><td rowspan="2">자유주의적</td></tr>
<tr><td>캐나다
미국</td><td>잔여적</td><td>적극적</td></tr>
</table>

- 출처: Mitchell(1991)

5. 줄타기 인생과 사회복지

1969년 8월 8일 리처드 닉슨Richard Nixon은 어린이를 키우는 가구에 연간 소득의 최저치(4인 가구 기준 1,600불)를 보장하는 가족 부조 계획Family Assistance Plan을 제안했다. 그는 또한 각 주정부는 복지에 취약한 장애인과 노인에게 규정된 최저치를 지급하도록 제안했다.

- 마이클 카츠, 『버림받아 마땅한 빈민』(1989) 중에서

인생은 줄타기이다. 따라서 인간은 높은 공중에 걸린 밧줄 위를 걸어가는 줄광대에 불과하다고 할 수 있다. 줄을 타고 있는 줄광대가 아무리 노련하다고 해도 줄에서 떨어질 수 있는 위험을 언제나 안고 아슬아슬한 순간을 수없이 넘어야 하듯, 인간도 수많은 위기와 고비를 넘기며 삶을 살기 마련이다.

과거 농경 사회의 사람들은 자기 생에 불어닥친 험한 파고를 숙명이라 생각하고 팔자라고 치부하며 체념적인 인생을 살았다. 그러나 그들은, 비록 오늘날의 풍요와는 거리가 멀지만, 그래도 초근목피일망정 대자연으로부터 최소한의 생계 수단을 확보하여 스스로 자급자족할 수 있는 여지가 있었기에 행복했을지도 모른다.

이에 비해 자본주의 시대에는 풍요함이 있지만 그 풍요함을 누리기 위해서는 대전제가 충족되어야 했다. 즉 생활에 필요한 거의 대부분의 물건은 시장을 통해 구매해야 하는 상품commodity이 되어버렸고, 이를 시장에서 취하기 위해서는 반드시 화폐가 필요하고, 이 화폐를 얻기 위해서는 어떤 식으로든 자신의 노동력을 활용하여 소득을 올려야만 한다는 사실이다.

그러나 자본주의사회에서 살다 보면 불행하게도 여러 가지 사유로 인해 자신의 노동력을 통해 임금을 받을 수 없는 상황을 맞이할 수도 있다. 이는 곧 자신의 생활에 필요한 상품화된 물품이나 서비스를 취할 수 없다는 것을 의미하기 때문에 종국에는 목숨을 연명하기 어려운 극한 상황에 빠질 수도 있게 된다.

결국 현대사회에서는 한편으로는 물질문명이 과거보다도 훨씬 더 발달하여 풍요함을 누릴 수 있는 긍정적인 측면이 있지만, 다른 한편으로는 자신의 목숨을 부지하기 위해 화폐나 임금에 훨씬 더 의존해야 하는 비극적 상황에 빠질 수도 있는 것이다.

사회복지란, 바로 이렇듯 현대사회에서 그 구성원들이 빠지게 되는 비극적 상황을 집단적으로 방어해줌으로써 사회 구성원들이 안정적인 삶을 누릴 수 있도록 하자는 목적에서 출발한 것이라 볼 수 있다. 쉽게 말하면 외줄타기를 하는 줄광대에게도 줄에서 떨어져 생명을 잃지 않도록 줄 밑에 그물을 쳐놓는 것처럼, 인생살이를 하는 데에 있어 부닥칠 각종 위험에 대비하여 쳐놓는 그물망이 바로 사회복지라고 이해하면 된다.

그렇다면 사회복지를 통해 대처해야 하는 각종 위험이란 구체적으로 무엇인가? 복지학자들은 현대인들이 직면하게 될 위험을 특별히 '사회적 위험'이라 명명하였고 일반적으로 일곱 가지를 열거하고 있다.

첫째, 질병이라는 위험이다. 예로부터 생로병사生老病死를 인간이 거부할 수 없는 운명으로 치부해왔지만, 무병장수無病長壽에 대한 염원 역시 그만큼이나 간절하였다. 그러나 현대인에게 아프다는 것은 단순히 불행하다는 말로는 다 설명되지 않는 측면이 있다. 사실 아프다는 것은 현대인에게 임금이나 소득을 확보할 기회가 줄어들거나 박탈됨으로써 화폐를 통해 생필품을 구매하는 교환경제에서 배제됨을 의미한다. 그리하여 마침내 생존이 불가하거나 매우 열악한 생활로 전락한다는 것을 의미한다. 독일에서 1880년대에 사회보험의 원리를 이용하여 질병에 대응하는 체계를 갖춘 것도 이러한 인식과 무관하지 않다.

둘째, 장애라는 위험이다. 평생 복구되기 어려운 신체적 또는 정신적 측면의 기능 상실은 앞에서 본 질병보다도 더욱 심각한 측면이 있다. 영구적 또는 상당 정도의 장애는—장애인 자신의 소득 중단을 초래함은 물론 부양가족들의 부담 역시 커지게 함으로써—자신과 가족의 삶을 나락으로 빠뜨리게 할 수 있기 때문이다. 과거에는 장애를 '전생의 업보'나 '신의 저주'로 여겨 숙명으로 알고 살기도 했으나 적어도 현대 복지국가에서는 장애인들에게도 신성하게 주어지는 인간으로서의 권리를 인정하며 이들의 소득 중단과 사회인으로서의 기능 상실을 하나의 사회적 위험으로 간주하여 적극적으로 대응하고 있다.

셋째, 가구주의 사망이다. 가계를 책임지던 '소득원income-earner인 가구주'의 사망만큼 가구원의 삶에 불행한 일은 없다. 현대사회에서 가구주의 사망에 따라 그 가족, 특히 어린 아동들의 삶이 송두리째 뿌리 뽑히고, 가난과 외로움 속에서 정상적인 사회인으로 출발하지 못한 채 장래의 희망을 상실하지 않도록 이를 사회적 위험의 하나로 규정하게 된 것은 매우 의미 있는 인권의 발전이 아닐 수 없다.

넷째, 출산과 양육 역시 사회적 위험으로 간주된다. 2세의 출산은 개인적으로나 가정적으로 축복받을 일이지만 현실은 출산과 양육에 대한 부담과 불안을 야기한다. 특히 임신 기간 동안이나 출산 직후는 물론이고 그 이후로도 상당 기간 부모 중 한 사람은 노동의 현장으로 나갈 수 없어 소득의 중단이나 감소를 감수해야 하고, 이는 곧 생활의 궁핍을 낳을 수 있다. 자본주의 초기 시절에는 가족에 대한 부양 기능을 완전히 사적인 영역으로 보았으나, 현대에 오면서 이러한 기능을 노동자계층의 재생산은 물론이요 사회 자체의 재생산을 위해 필수적인 것으로 인식하게 되어 이러한 출산과 양육의 문제를 사회적 위험으로 바라보기 시작했다.

다섯째, 노령기에 이른다는 것 역시 사회적 위험이다. 노인이 된다는 것은 매우 자연적이고 생물학적인 현상이지만 현대사회에서는 공동체 내에서나 가족 내에서 노인을 부양하려는 책무감이 점점 사라짐에 따라 노인들은 스스로 생활을 책임지는 것이 점차 어렵게 되고 있다. 더군다나 각종 의술과 영양 상태가 좋아지면서 평균수명이 늘어가고 있는 추세임을 고려하면, 노령기에 소득이 없어 열악하게 살아가게 된다는 것은 매우 불행한 일임에 틀림없다. 또한 청장년 시절에 국가의 산업 발전에 어떤 식으로든 기여한 계층이 노후에 이르러 개인의 대비 부족이나 부양가족의 불행으로 인해 인간다운 생활을 못하게 될 때 이를 방치하는 것도 정당하다 볼 수 없기에 노인들을 위한 사회적 지원도 당연하게 여겨진다.

여섯째, 실업에 직면하는 상황이다. 실업, 즉 일자리가 없다는 사실은 아마도 자급자족의 농경 사회가 아닌 생산수단과 노동력이 분리된 자본주의사회에서는 가장 두려운 현실일 것이다. 노동능력이 있고 노동할 의사가 있음에도 불구하고 일자리를 찾을 수 없는 상황은 사회 구성원의 대다수인 노동자 계층에게는 가장 회피하고 싶은 상황이다. 사실 이러한 실직자의 생활 자체를 사회적으로 대응해야 할 문제로 본다는 것은 자본주의를 떠받치는 초기 이념에서 볼 때 매우 이례적인 것이었다. 20세기 초 영국에서 실업보험이 공식적으로 처음 도입된 것 자체가 자본주의의 기조 변환, 즉 자본주의의 한계에 대한 결정적인 인식 전환이라고 할 수 있다. 결국 이것은 실업을 보는 관점이 대전환—현대사회에서 실업이란 단순히 게으르거나 나태하여, 또는 자신의 능력이 부족하여 초래된 지극히 개인적 결함의 결과가 아니다—되었음을 알려주는 획기적인 사건이라 볼 수 있다.

마지막 일곱째는 빈곤이다. 빈곤은 위의 여섯 가지 사유로 인해 빚어지는 결과물이기도 하다. 그러나 어떤 사유로 빈곤 상태에 빠지든 간에 빈곤은 개인적인 불행이기도 하지만 사회적 위험의 하나로 적극적으로 대응해야 하는 것으로 인식되었다. 실업과 마찬가지로 빈곤의 발생도 단순히 개인의 책임으로만 돌릴 수 없을 정도로 많은 요인에 의해 빚어진 결과라는 사실, 예컨대 수많은 시장의 실패와 임금 착취 현상이 벌어지고 있는 상황을 염두에 둔다면 빈곤은 그 자체로 사회적 결과라고 규정할 수 있게 된다. 또한 이러한 빈곤층의 방치는 대규모 사회 저항 세력들이 등장하는 계기가 되는 등 결국 사회가 내부적으로 붕괴되는 길이 되기 때문에 빈곤은 사회적 위험이 아닐 수 없는 것으로 인식되었다.

이상의 일곱 가지 위험에 대해 적극적으로 대응해야 한다는 인식이 20세기 복지국가가 성립되는 주요한 동기가 되었다고도 볼 수 있다. 각국은 이러한 위험들에 대하여 다양한 대응책을 내놓게 되었는데, 먼저 질병에 대하여는 이미 1880년대 독일의 비스마르크에 의해 창안된 의료보험 또는 질병보험이 시작이라 하겠다. 질병보험은 최초에는 질병으로 인해 일터에 나가지 못했을 때 소득을 보전하는 의미로 현금으로 주어지는 상병수당이 주된 내용이었지만, 이후 의료 서비스 이용에 대한 보장 수단으로 그 내용이 바뀌기 시작하였다. 오늘날 질병으로부터 자국민을 보호하기 위한 의료보장 수단은 크게 두 가지로 나뉜다. 하나는 무상 의료 체계인 국민 보건 서비스National Health System(NHS) 제도로서 흔히 무상 의료라고 부르는 제도이다. 영국이나 뉴질랜드, 캐나다처럼 주로 영연방에 속했던 나라들에서 찾아볼 수 있는 제도인데, 국민들의 세금에서 병·의원 운영이 이루어지며 국민들은 거의 무료로 병·의원을 다닐 수 있게 된다. 이와는 달리 우리나라처럼 보험제도를 통해 운영하는 체계가 의료보험National Health Insurance(NHI)제도이다. 평소 강제적으로 보험료를 내도록 하고 이를 재원으로 하여 질병으로부터 자국민을 보호하는 제도로서, 보험료의 징수 과정에서 소득재분배 효과가 일어나기도 하지만 기본적으로는 아프지 않은 사람들이 아픈 사람들을 지원하는 사회연대감의 발로라고 할 수도 있다. 우리나라는 1989년부터 모든 국민에게 의료보험제도를 적용하게 되었고, 1999년부터는 건강보험으로 명칭을 바꾸고 전국을 하나의 조합으로 묶어내는 개혁을 감행하여 이전보다 훨씬 효과적이고 형평성이 높아진 제도를 운영하고 있다.

장애에 대한 대응은 기본적으로는 연금제도가 활용된다. 일반적으로 자신의 연금보험료를 납부하는 중도에 장애로 인해 더 이상 보험료 납부를 하지 못할 경우 노후에 받을 연금을 장애 급여의 형태로 지급받음으로써 중도 장애자의 경우 평생 일정 정도의 소득 보장을 받게 된다. 우리나라의 경우 1988년부터 도입되기 시작하여 1999년 전 국민에게 확대 적용된 국민연금제도를 통해 일정한 대응이 이루어지고 있다. 그러나 더욱 적극적인 제도는 장애연금 자체를 도입하는 것이다. 장애인의 인권과 장애인에 대한 사회적 책임을 근간으로 장애인이 살아가는 데 필요한 지출 비용을 사회적 급여의 형태로 보전해주는 개념이다. 우리나라의 경우 저소득계층에게만 적용되던 장애수당을 2010년 7월부터 장애인연금의 형태로 바꾸어 실행하고 있지만 여전히 전체가 아닌 일정한 소득 기준 이하나 중증 장애인으로 대상층이 한정되어 있는 형편이다.

가구주의 사망 역시 연금제도가 갖고 있는 덕목을 통해 해결할 수 있다. 연금제도하에서 가구주가 보험료를 납부하다가 사망하면 유족 급여가 주어지게 되고 이것이 유족들의 최소한의 생활 기반이 된다. 세계적으로 후진국 제도라고 질타받았던 우리나라의 소위 '소년소녀가장제도(지금은 소년소녀가정제도로 개칭)'도 따지고 보면 적정한 수준을 보장받는 유족 급여에 의해 사라지는 날이

와야 한다.

출산과 양육에 대한 대책은 훨씬 다채롭게 전개되어왔다. 앞에서 말한 대로 이미 1920년대부터 오스트리아에서 아동수당 제도를 도입하여 아동의 사회적 양육 개념이 정착되기 시작하고 대부분의 서구 국가는 1940년대까지 이 제도를 채택하였다. 또한 보육 시설의 이용에 대한 적극적 지원을 하든가 아니면 출산과 양육을 위한 휴직 제도가 발달되기도 하였다. 특히 1970년대부터 이미 인구 증가율이 감소하기 시작하면서 출산휴가 및 육아휴직 제도가 관대하게 시행되었다. 우리나라의 경우 출산율의 급격한 하락이 심각한 수준이란 것을 인지한 시기도 늦었지만 아동 양육에 대한 사회적 지지 제도 역시 적극적으로 도입되지 않고 있어 급격한 출산율 감소에 적절히 대응한다고 보기 어렵다.

노령기에 접어드는 사회 구성원들의 집단적인 방어기제로는 이미 언급했듯이 연금제도가 기본이다. 연금제도 역시 따지고 보면 보험제도로 운영되는 경우와 세금에 의해 수당으로 지급되는 경우 두 가지로 대별된다. 서구 복지국가들은 연금제도를 운영한 지 한 세기 가까이 되는 경우가 많아 제도가 매우 성숙되어 있지만, 앞에서 보았듯이 우리나라의 경우 1988년에 시작되어 1999년에 모든 국민에게 적용되도록 확대되었기에 아직도 노인 계층 중 연금 급여를 받지 못하는 사람이 많다. 이러한 연금제도의 미성숙함을 보완하기 위해 2008년부터 전체 노인 중 70%에게 기초노령연금을 지급하고 있기도 하다.

실업에 대한 대응 제도로서는 이미 언급한 대로 실업보험 또는 고용보험을 들 수 있다. 고용보험에서는 단순히 현금으로 실업 시의 소득 중단을 보전하는 실업급여가 핵심이지만, 1980년대 후반부터 완전고용 시대가 지나감으로써 대부분의 OECD 국가들은—실업자에게 단순히 급여를 제공하는 것을 소극적 노동시장 프로그램passive labour market program이라고 규정하고—실업자들의 기술 습득을 도와주고 취업에 대한 정보를 알려주는 등 그들이 노동시장으로 재진입하는 것을 적극 도와주는 이른바 적극적 노동시장 프로그램active labour market program(ALMP)을 더 강조하는 경향을 띠게 되었다. 또한 고용보험제도로 보호하기 어려운 계층인 장기 실업자 및 자영업자 등을 위한 실업수당을 병행하여 지원하기도 한다. 우리나라의 경우 아직 실업수당은 없으며 1995년부터 도입한 고용보험에 의거하여 최장 8개월 정도 비자발적인 실업자에 한하여 직전 소득의 50%까지 급여를 지급하고 있다.

빈곤에 대한 대응은 역사적으로 가장 오랜 전통을 갖고 있다. 영국의 경우 1601년 엘리자베스 여왕이 빈곤법을 제정한 이래 국가의 공식적인 제도로 공공 부조 제도가 운영되어왔다. 그러나 가난의 문제를 개인의 무능력에 초점을 맞출 것인지, 사회적 결함에서 원인을 찾을 것인지에 따라 수급자의 자격이나 대상, 수급 조건 등에 많은 차이가 있다. 우리나라의 경우 1961년부터 2000년까지 운영된 생활보호법은 고도성장 기간 동안 부양의무자가 없는 아동이나 노인의 구제를 주된 목적으로 한 것이었다. 하지만 이 법은 1990년대 말 IMF 구제금융기를 겪으며 우리 사회의 구조적 변화로 인해 빈곤 발생의 양상이 달라짐에 주목하여 원칙적으로는 누구든 자신 또는 부양의무자가 일정한 소득수준 이하이면 수급권이 보장되는 내용의 국민기초생활보장제도로 바뀌게 되었다.

결국 현대 국가는 적극적이고 다양한 방식으로 외줄타기의 인생을 '안전한 인생'으로 바꾸는 노력을 게을리하지 않았으며 이를 위한 국가의 역할을 '복지국가'라고 표현하고 있다. 한국의 경우 여전히 불안한 외줄타기 인생들을 방치하는 수준에 머물러 있기 때문에 복지국가를 통해 사회 구성원 한 사람 한 사람의 삶을 좀 더 안전하고 풍요롭게 만드는 일이 바로 지금 절대적인 과제가 되고 있는 것이다.

제 2 부

정글의 한국 사회,
복지로 변화시킬 수 있는가?

1. 한국 사회의 현실과 복지

2009년 한국개발연구원(KDI)이 2인 이상 도시 가구를 대상으로 조사한 결과에 따르면 1982년 66.7%였던 중산층은 1992년 75.2%로 정점을 기록했다 외환위기 직후였던 1998년 66.8%로 떨어지고 2008년에는 63.3%까지 하락했다. 1992년과 비교해 11.9%p나 떨어진 것이다.

같은 기간 빈곤층은 7.7%에서 14.3%로 6.6%p 올라간 반면 상류층은 17.1%에서 22.4%로 5.3%p 늘어났다.

중산층의 기반 약화는 각종 소득분배 불균형 지표도 악화시키고 있는 것으로 나타났다.

통계청의 전 가구 지니계수는 2003년 0.277에서 2009년 0.293으로 올라갔다. 지니계수는 0과 1 사이의 값을 갖는데 1에 가까울수록 소득분배의 불평등 정도가 높다는 뜻이다.

소득 하위 20% 소득 대비 상위 20% 소득의 비율인 5분위 배율은 2003년 4.44배에서 2009년 4.92배로 높아지고, 중위 소득의 50% 미만

자 비율인 상대적 빈곤율도 같은 기간 11.6%에서 13.1%로 상승했다.

- 『연합뉴스』 2010.3.16 기사 중에서

한국 사회가 복지국가를 구축해야만 하는 절실한 이유가 있는가? 매우 근본적인 질문이 아닐 수 없다.

20세기 한국의 발전사는 세계 역사에서도 매우 특이한 것이었다. 특히 20세기 후반부에 식민지 경험 국가 중 가장 빠른 경제성장을 했고, 민주정치제도를 성공적으로 구현한 몇 안 되는 나라라는 점에서 그렇다. 1970년대와 80년대에 전 세계적으로 종속이론從屬理論the Dependency Theory이 풍미하면서 한국의 경제도 미국이나 일본 경제에 종속될 수밖에 없을 것이라 많은 이들이 점쳤으나 80년대 중반 이후 한국이 보인 경제 발전의 놀라운 성과가 종속이론 자체를 무력화시키는 결과를 낳기도 했다. 어쩌면 한국이란 나라는 20세기 세계사의 이단아라고도 할 수 있을 것이다.

이렇듯 20세기 후반 한국이 경제적, 정치적으로 특이한 성공적 사례로 평가되는 것에 비하면 매우 대조적이리만큼 복지 부문의 발전은 매우 부실하였다. 한국에서 법률에 근거하여 공식적으로 복지 제도가 시작된 것은 1961년경이었다. 그렇다면 한국에서 복지의 역사는 겨우 반세기 정도에 불과하다는 말이다. 물론 해방과 한국전쟁을 겪으면서 생긴 수많은 고아와 부랑인들을 돌보고자 설치된 수용 시설들이 50년대 한국 복지의 대명사이기도 했지만, 1961년 생활보호법, 아동복리법 등이 제정됨으로써 공식적인 복지 역사가 시작된 것이었다.

그렇다면 왜 1961년이 기점이 되었을까? 그 배경에는 1961년 5·16 쿠데타로 들어선 군사정권이 있다. 이들은 자신들의 정통성에 대한 곱지 않은 시선이 있다는 것을 알고 있었기에, 자신들이 스스로 창출한 정권에 대한 정당성을 국민으로부터 부여받기 위해 복지와 관련된 무더기 입법을 내놓기 시작했으니, 이후 산업재해보험법, 군인연금법, 공무원연금법, 의료보험법, 윤락행위방지법 등이 계속 제정되었다. 특히 노동자를 대상으로 한 산업재해보험제도는 본격적인 경제 발전을 시도하는 데에 있어 최소한의 장치를 갖춘다는 의미에서 비교적 이른 시점부터 도입된 것으로 평가되고 있다. 어쨌든 공식적인 복지의 출발점에서 그러한 복지의 발전 동기가 국민의 요구나 정치권의 성숙한 각성이 아니라 정권의 필요였다는 것이 이후 한국 복지 제도가 크게 왜곡되는 결과를 낳게 되었다.

그후 1980년대 제5공화국 시절에는 '복지사회의 구현'이라는 국정 기조가 등장하기도 하였다. 그러나 이것 역시 독재 정권이 내세운 통치 전략의 하나였기에 국민들의 진정한 욕구를 대변하여 복지 제도가 발전하는 경로와는 거리가 멀었다고 평가된다.

독재 정권이 청산된 1980년대 후반에 들어서야 민주화의 봇물이

터지면서 국민들의 복지 욕구가 직접적으로 분출되기 시작하였고 이는 영유아보육법의 제정, 의료보험의 전 국민 확대 적용, 국민연금제도의 시행 및 확대, 장애인복지 등 복지 서비스의 급여 확대 등의 가시적인 성과와 연결되었으나 여전히 복지 제도는 정부 정책의 주변부적 위상을 벗어나지 못했다. 김영삼 정부 시절인 1996년 OECD에 가입하였음에도 불구하고 당시의 정부는 개방경제°하에서는 복지 제도의 역할과 기능이 더욱 절실할 것이라는 기초적인 판단조차 하지 못하고 있었다.

한국 사회가 복지 정책을 적극적으로 조명하기 시작한 것은 단군 이래 최대의 위기라고 칭해졌던 IMF 구제금융기였다. 이 시점은 경제위기를 극복하기 위해 한국이 개방경제로 더욱 깊숙이 편입되고 신자유주의적 구조조정 정책을 폭넓게 수용한 시기였다. 서구 복지학자들은 세계화 시대에는 복지국가 발전에 한계가 있다고 주장한다. 따라서 세계화·개방화의 물결에 휩쓸려가던 그 당시는 복지 제도의 확대가 좀처럼 쉽지 않은 시기였다고 할 수 있다.

그렇지만 한국의 복지 제도가 양적, 질적으로 도약을 시작한 시기가 김대중 정부라고 불리던 이 시기였음을 부정하기 어렵다. 국민기초생활보장제도의 시행을 비롯하여 4대 사회보험의 정비, 사회복지 서비스의 증진, 고용 복지의 강화 등 제도의 확장과 개혁을 서둘렀고 이 과정에서 복지 예산이 획기적으로 증대되었다. 이어 등장한 노무현 정부도 '경제와 복지의 선순환', '경제와 복지의 동반 성장'이라는 정책 기조를 당연시하였고, 사회 양극화와 저출산·고령사회에 대비한 각종 중장기 대책의 구비, 사회복지 서비스 내지 사회 서비스의 향상 대책 강구와 사회적 일자리 정책의 적극 활용, 복지 재정 확보를 위한 세제 및 재정 구조의 개혁 등의 조치를 취함으로써 "진보의 가치인 복지"가 진전하는 데에 주요한 기틀을 마련하였다. 물론 한미 자유무역협정Free Trade Agreement 추진 등 한편으로 개방경제를 더욱더 진전시키며 양극화를 해결하기보다는 더욱 공고화시킨 것, 의료 및 보육, 교육 등의 산업화를 추진하며 그나마 있었던 공공성이란 특성을 약화시킨 것, 그리고 복지 부문의 정부 부담을 영리 및 시장의 영역을 통해 선불리 민간에 떠넘기려 한 것 등은 노무현 정부의 '패착'이었다. 그럼에도 불구하고 노무현 정부가 복지국가의 기틀 조성에 한 걸음 더 나아갔다는 사실 자체를 부정할 수는 없다.

그렇다고 해도 이 시점에서 한국의 복지 수준은 여전히 선진국 수준과 현격한 차이를 좁히지 못하고 있다. 당장 GDP에서 차지하는 사회 지출비의 비중이 2007년 현재 우리나라는 8.1%에 그치지만 OECD 평균은 19.8%라는 사실이 명확한 증거이다. 아직 우리나라의 경우 복지 제도에 의해 안정적인 생활이 보장되지 않는 이들이 너무도 많다. 국민 생활의 마지노선인 기초생활보장제도는 전 인구의 3%에만 적용되고 있는 점, 건강보험의 보장성°이 60%대에 머물고 있는 점, 노인 인구의 13%만이 연금 혜택을 받고 있는 점, 비정규직의 30% 정도만이 사회보험의 혜택을 받고 있는 점, 아동을 위한 사회적 지출이 아동 1인당 연간 40불에 그치고 있는 점 또한 이러한 현격한 차이를 설명해준다.

따라서 한국의 복지는 엄밀히 말하면 아직도 생계 보전형 잔여적 복지 중심의 복지 틀을 크게 벗어나지 못하고 있는 상태이다. 더군다나 복지 정책을 강력히 요구하고 정부와 정치권을 압박할 수 있는 계급적, 계층적 기반도 여전히 형성되어 있지 못하다. 복지 친화적인 일부의 시민사회 조직이나 정치인들로는 요원한 일이다.

그러나 이러한 복지 체제 내부의 취약성에도 불구하고 한국 사회가 지닌 특질은 역설적이게도 복지 발전의 강력한 당위성과 폭넓은 복지 수요의 실존을 확인시켜주고 있다. 즉 한국에서는 사회경제구조가 적절한 복지 제도의 기틀을 마련하지 못한 상태에서 복지에 대한 사회적 요구가 객관적으로 더욱더 증폭되는 상황이 전개되고 있는 것이다. 이러한 배반적인 상황을 극복하지 못한다면 선진 한국은 고사하고 다시 후진적인 상태로 퇴행할 수도 있다. 양육강식의 논리만이 횡행하는 야만 사회의 늪에서 헤어나오지 못할 수도 있는 것이다.

그렇다면 현재 시점에서 한국 사회에 복지의 확대가 절실한 좀 더 객관적인 근거는 무엇일까. 먼저 그간 경제성장 과정에서 물적 자본은 빠르게 증가해왔지만 반면에 인적 자본은 그렇지 못해 그 괴리감이 점점 커지면서 마침내 그로 인해 성장 동력이 소진되는 문제점을 직시할 필요가 있다. 그간 한국의 경제 발전은 누가 뭐라 해도 요소 투입형이었다. 즉 생산함수°의 투입 변수 중 노동과 자본의 투입량 증가로 인해 생산량이 증대되고 이것이 경제성장의 주요인이 되는 경제 발전 양상이 지속된 것이다. 그러나 지식기반사회knowledge-based society°의 특징은 생산함수의 제4요소였던 지식 또는 정보가 중시되는 사회이고 지식과 정보의 발전에는 이들의 담지자擔持者인 인간이 발휘할 수 있는 창의성이 으뜸인데, 이 창의성은 인적 자본, 즉 사람의 자질과 능력에 직결되어 있다. 노동의 양이 아니라 질인 것이다. 따라서 어떤 사회의 구성원들이 이러한 창의성을 갖추고 이를 마음껏 발휘하려면, 스웨덴이나 핀란드의 사례에서 확인할 수 있듯이, 위험 수용자risk-lover°가 되어도 다시 패자 부활할 수 있을 정도로 생활에 대한 보장 장치가 존재해야 가능하다. 즉 근본적으로 사람 중시의 사회체제, 즉 태어나면서부터 육아, 교육, 의료, 주거 등의 질이 인간답게 살 수 있는 수준까지 보장되어 인적 자본의 질이 복구 불가능할 정도로 훼손되지 않도록 보호하는 사회적 장치가 존재해야 가능한 것이다. 이런 점에서 우리나라의 사회체제나 복지 제도의 수준은 결국 인적 자본의 훼손을 부추길망정 결코 창의적인 인적 자본을 육성하는 것과는 거리가 멀고 이는 결과적으로 성장의 동력을 갉아먹는 결과를 낳고 말았다.

다음으로는 우리 사회도 소위 '고용 없는 성장jobless growth'의 기조가 완연하다는 점이다. 현대 경제의 구조는 끊임없이 고용 절약적인 방향으로 기술 진보가 이루어져 자동화를 넘어 무인화無人化의 단계로 접어듦으로써, 그리고 무엇보다도 세계 자본주의 체제에서 단기 주주 수익을 노리는 투기 자본이 횡행함으로써 노동비용의 절감이 당연시되는 경향을 띠고 있다. 이로써 기업의 이윤은 상승해도 고용은 줄어들고 사회 전체의 노동분배율°이 떨어지는 결과에 직면하게 되는 것이다. 1990년에 1%의 경제성장은 11만 2,000명의 고용을 유발하였으나 2000년에는 9만 6,000명의 고용을 유발하고, 제조업의 10억 원의 부가가치는 1990년에는 28.1명의 고용을 유발하였으나 이것도 10년 후에는 물경 9.7명으로 급감한 사실이 우리나라 경제구조에도 고용 없는 성장의 경향이 빠르게 자리 잡고 있음을 대변하고 있다 하겠다. 이런 상황에서 경제성장을 통해 일자리가 창출됨으로써 복지 문제가 스스로 해결된다는 믿음은 단지 '믿고 싶은 바'는 될지언정 실제의 사실fact이 아니다. 따라서 경제성장이 원활하게 이루어지는 국면에서조차 복지 문제는 여전히 인위적인 대응을 통해 해결해야 하는 숙명적 과제임을 인정할 수밖에 없다.

그리고 한국의 사회경제구조에 자리 잡고 있는 미약한 분배 효과 역시 복지 제도를 강력하게 보강하도록 요구하는 주요한 요인이 된다. 한 사회의 안정적 성장을 위해서는 사회 통합이 절실하며 유효수요° 증대를 위해서는 소득의 불평등성이 극복되어야 함에도 한국의 사회구조는 소득재분배 효과°가 너무나 취약한 상태이다. 즉 세전稅前 소득과 세후稅後 소득 사이의 지니계수Gini coefficient° 변화율이 OECD 국가들의 1/10 정도에 불과하다는 점에서 1차 소득의 불평등성이 조세·재정 정책을 통해 개선되는 여지가 미미함을 알 수 있다. 이는 경제성장으로 복지 문제가 해결될 수 없음을 보여주는 또 하나의 단적인 예가 된다.

그러나 무엇보다도 근본적으로는 한국 사회의 구성원들이 맞게 되는 사회적 위험의 종류에 있어 신·구의 병존 구조가 존재하고 있다는 점이 복지에 대한 사회적 요구를 증폭시키는 또 다른 논거이다. 현재 한국 사회는 아직도 산업사회의 각종 소득 중단 사유인 구사회적 위험—실업, 장애, 노령, 출산, 빈곤, 가구주의 사망 등—이 사회적으로 방어되고 있지 못한 상태에서 신사회적 위험—가족의 돌봄 기능 약화, 신진 기술 습득의 지체로 인한 노동 기회 상실, 비정규직의 복지 사각화 등—이 동시에 나타나고 있는 상황인바, 이는 곧바로 한국 복지 체제의 이중 부담이 되고 있다.

여기에 더욱 가속화되리라 전망되는 개방화에 대한 대외 압력과 내부에서의 추수追隨 경향이 서로 조응하여 우리 사회에 경제·사회적 양극화 구도를 고착시킴으로써 생활의 근간이 끊임없이 위협받는 계층을 양산하게 된다. 또한 한번 빈곤 계층으로 전락하게 되면 다시 원래의 상태로 복귀하기도 어려운 상황이 된다.

여기에 저출산과 고령화의 경향은 세계 어느 나라도 보여주지 못했던 속도로 빠르게 전개되고 있는데 이는 단기간 내에 정상화시킬 수 있는 문제가 아니어서 가족 부양 기능의 약화를 기정사실화하고 매우 강도 높은 대응책을 강구해야 할 만큼 절박한 상황이다. 특히 대한민국 인구가 절대적으로 줄어든다면 각종 복지 정책을 통해 노동생산성을 배가倍加하는 일은 경제성장을 위해서라도 필연적인 대책이 될 수밖에 없다.

결국 이제까지의 여러 논의를 다시 재조합하여 한국 사회의 미래를 점쳐본다면, 경제성장은 한계에 다다르고 각종 사회적 위험이 노골화되어, 사회 구성원의 생존 조건이 더욱 강팍해지고 인간으로서의 자존감을 지키지 못함은 물론, 사회 통합에 기초한 사회적 신뢰를 느끼지 못하고, 더군다나 성장에 기여할 정도의 기술과 노동력을 보지保持하지 못함으로써 다시 성장의 잠재력은 그 기반을 훼손당하는 악순환의 미래상이 떠올려진다는 것이다.

따라서 우리는 이 시점에서 다시 한번 한국 사회의 불완전한 복지 체제를 혁명적으로 전환시켜나가기 위한 움직임을 전개하지 않을 수 없음을 인식해야 한다.

2. 한국 국민의 99%는 불안하다

> 우리나라 국민 열에 여덟은 노후를 걱정하고 있으며, 젊은 층일수록 노후 준비를 서두르고 있는 것으로 나타났다. …… 노후를 걱정하고 있다고 응답한 사람이 78.4%에 이르고 있다는 사실이다.
>
> ……
>
> 직장인들은 고용 불안은 심해진 반면 새로운 직장을 얻기는 힘든 것으로 느끼고 있다. …… 이번 여론 조사에서 직장인들을 상대로 '해고나 임금 삭감 등 고용 불안을 느끼고 있느냐.'고 물은 결과 '그렇다.'고 답한 직장인은 29.0%였다.
>
> -『한겨레신문』 2007. 1. 3 기사 중에서

불안 사회.

한국 사회를 설명하는 또 하나의 열쇳말이다. 불안은 인간이 가진 생리적인 현상의 하나이기도 하다. 그렇기에 이를 해소하려는 지난한 노력이 개인적으로도, 사회적으로도 진행된다. 복지국가는 사회적으로 불안을 제거하려는 집단적인 노력의 산물이다.

2007년 1월 3일자『한겨레신문』의 신년 특집호는 국민 여론조사를 통해, 주거, 노후, 교육, 일자리 그리고 평화 등을 '5대 불안'으로 꼽으며 한국민이 느끼는 불안을 잘 드러내고 있다.

실제로 우리나라 국민들은 가계비에서 교육이나 주거 비용의 지출 비중이 높은 상태이다. LG경제연구원의 2003년 조사에서는 도시 근로자 가구의 주요 가계 지출 중 교육·주거비 지출 비중이 1990년 25.7%에서 2002년 30.8%로 상승한 것으로 나타났다(『LG 주간경제』 2003. 1). 일본 도시 근로자 가구의 주거비와 교육비를 100으로 보았을 때 한국의 주거비는 208, 교육비는 291로서 약 2배에서 3배 높은 비중을 차지하고 있다.

이러한 상황은 최근에 들어서도 나아지지 않았다. 한국은행이 2011년 5월 내놓은 「2010년 가계금융조사(부가조사) 결과」에 따르면, 가계 지출비 중 식료품비의 비중이 23.2%로 가장 높지만, 이것을 제외하고도 사교육비의 비중이 20.5%나 되고 공교육의 등록금 7.9%까지 합치면 물경 28.4%가 교육비 비중이었다. 여기에 병원비가 15.0%를 차지하고 있고, 주로 주택 구입 시의 비용에 해당하는 대출금 이자가 13.7%를 차지하고 있으며 여기에 월세 비용 5.7%까지 합치면 주거 비용 역시 만만치 않은 상태이다.

〈표 4〉 한국인의 생활비 중 지출이 큰 항목(%)

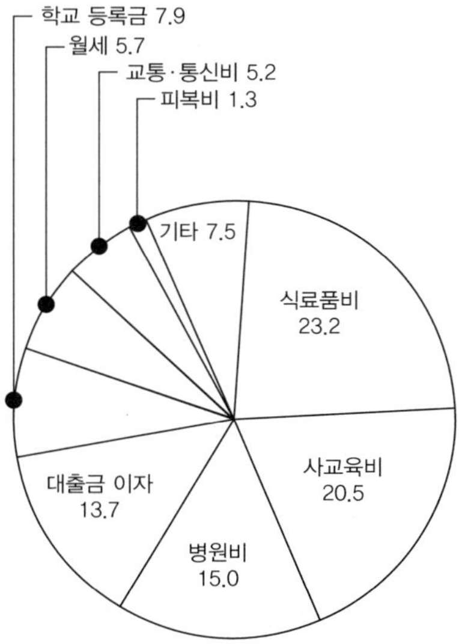

- 자료: 가계금융조사(2010)

이렇게 주거와 교육, 의료 등 기본 생활에 대한 지출 비중이 크다는 사실은 무엇을 의미하는가? 이는 곧 소득의 감소나 중단 시 이들 주요 항목들이 가장 치명적으로 영향을 받을 수 있어 가장 기본적인 생활이 되지 않을 수도 있다는 '불안'이 가계 안에 도사리고 있음을 의미한다.

이런 기본 생활의 불안을 어떻게 줄일 수 있는가? 서구 복지국가의 해답은, 기본 생활에 대한 공급의 책임을 상당 부분 국가가 담당하는 것이다.

주택에 있어서는 유력한 수단이 공공임대주택을 적극적으로 공급하는 것이다. 우리나라의 전체 주택 수에서 공공임대주택이 차지하는 비율은 장기공공임대주택 기준으로 4%선이다. 우리나라는 전체 공공임대주택을 모두 포함해도 이 비율이 10%가 되지 않지만 주요 유럽 국가들은 이 비율이 주택 전체 시장에서 20% 이상이다. 이러한 공공임대주택은 임대 비용이 상대적으로 낮으며 안정적이다. 또한 이러한 공공 주택은 전체 주택 시장에서 주택 가격을 안정시킨다. 민간 주택의 가격 상승 자체를 억제하는 효과를 지닌다고 할 수 있다.

교육에 있어서는 공교육을 지나치게 불신하며 사교육 의존 비율이 높다는 것은 새삼 강조할 필요도 없다. 우리나라는 GDP 중 교육비 비중이 OECD 국가 중 가장 높지만 별로 좋아할 일이 아니다. 왜냐하면 GDP 안에서의 공·사교육비의 지출 구성(%)이 OECD 평균은 4.6 : 1.3인 데 비해 우리나라는 4.8 : 3.4이기 때문이다. 지나친 사교육이 가계 압박의 주범이라는 것을 알 수 있다. 사교육을 공교육의 영역으로 흡수하고 국민 대다수에게 균질한 교육 혜택을 줄 수 있다면 이야기는 전혀 달라질 것이다.

의료 체계 역시 여전히 비용 유발적인 구조로 구성되어 있다. 전체 병상의 10%만이 공공 의료 병상이며, 여기에 의료비를 지불하는 체계도 행위별 수가 체계, 즉 의료 행위 하나하나마다 가격을 매겨 지불하는 구도라서 끊임없이 더 많은 의료 수입을 원하는 민간 의료 기관에서는 과잉 진료 행위를 통해 수입을 올리려는 유인이 존재할 수밖에 없다. 선진 복지국가들은 공공 의료 기관의 비중이 매우 높은 가운데, 의료비 지불 체계 역시 비용 억제 방식을 채택함으로써 궁극적으로 의료비 지출 비중을 사회적으로 통제하고 있는 것과 대조적인 모습이다.

우리나라 국민들이 일상생활에서 공적인 지출로 해결할 수 있는 것들이 선진 국가들에 비해 별로 없다는 것은 결국 우리나라 국민들의 일상생활에서 불안 의식이 팽배할 수밖에 없다는 사실로 귀결된다. 이를 다른 측면에서 엿볼 수 있는 것이 사회임금social wage의 개념이다. 사회임금이란 공공 영역에서 무상이나 각종 보조 등의 방식으로 지원되는 현금과 서비스 형태의 사회보장제도상의 급여를 사회가 지불하는 임금으로 본다는 개념으로서, 이를 개인의 명시적인 소득, 즉 시장 소득과 합쳐 전체 소득으로 잡았을 때 우리나라와 주요 선진 국가들과의 현격한 차이가 〈표 5〉에 나타나 있다. 한국은 전체 소득 중 사회임금의 비중이 7.9%인 데 비하여 OECD 평균은 31.9%이며, 독일 38.8%, 프랑스 44.2%, 스웨덴 48.5%로 나타나고 있다.

이와 같은 사회임금은 결국 개인이 노동시장에 나가 자신의 노동력을 상품으로 판매하고 이를 대가로 임금을 받아 생활하는 자본주의의 기본 원리에서 보면 매우 불손한(?) 것이지만 스웨덴과

〈표 5〉 OECD 주요 회원국의 전체 소득 중 사회임금 비중(%)

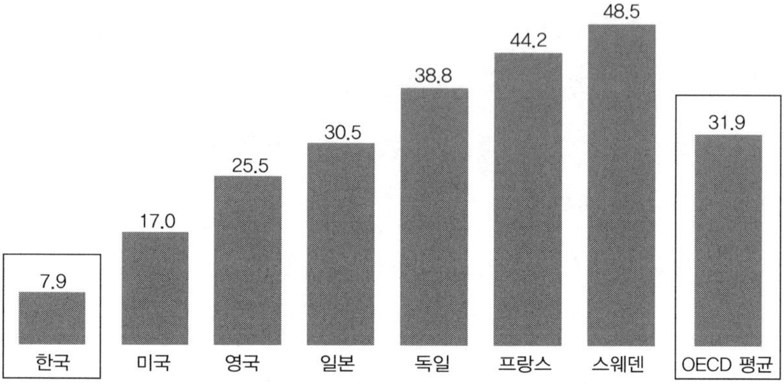

- 자료: 사회공공연구소, 2000년대 중반 기준

같은 나라는 이미 자신의 시장임금만큼 사회임금의 형태로 임금이 지급되고 있음을 알 수 있다. 이것은 한 개인이 여러 가지 부득이한 사유로 시장에서 자신의 임금을 확보하지 못한다 해도 사회임금으로 자신의 생계를 꾸려나가게 된다는 것이므로 스웨덴 국민들이 느끼는 생활상의 안정감은 우리나라 국민들이 느끼는 그것과는 비교할 수 없을 것이다.

이러한 불안 의식이 대한민국을 낭떠러지기로 몰고 있다. 왜냐하면 개인들은 결국 개인의 생활에 엄습하는 이러한 불안감으로 인해 더욱더 자신만의 경제적 소득 증대에 목숨을 걸게 되고, 이에 따라 한국 사회에는 만인에 대한 만인의 투쟁과 다르지 않은 서로에 대한 경쟁과, 돈이 된다면 수단과 방법을 가리지 않는 행태가 자리 잡게 되었기 때문이다.

서로에 대한 신뢰와 관용, 삶에 대한 여유가 사라지는 원인도 따지고 보면 사회임금의 부족에서 찾을 수 있다. 물론 복지국가를 만들기 위해서는 국민들의 인식이 바뀌어 사회구조적으로 기본 욕구의 안정적 충족을 수용하는 공감대 형성이 우선되어야 한다고 볼 수도 있지만, 복지국가로의 제도적 이행을 통해서 경제적 동물로서의 인식이 사회적 동물로서의 인식으로 바뀌어갈 수도 있다. 의식이 존재를 결정하는 것이 아니라 존재가 의식을 결정하기 때문이다.

3. 한국 사회 빈곤의 현주소

날짜가 지날수록 내 상황은 자꾸만 더 낮은 수준으로 생활을 이끌고 있다. '최저생계비 체험은 극기 훈련도 아니고, 만원의 행복도 아니고, 먹고 버티기도 아니다.'라고 교육도 받고 스스로도 야무지게 살아보겠다고 다짐도 했건만.

……

그런데! 사지 멀쩡한 20대 청년이 이 모양이다. 실제 수급자들이 받는 현금 급여가 최대 42만 원 정도지만, 나는 50만 4,340원 전액으로 시작했는데 이 모양이다. 실제 최저 월세 20만 원을 차감하면 실험 자체가 무의미해진다. 나는 최저생계비에 나와 있는 주거비 8만 7,000원만 차감했는데 이 모양이다.

아! 대체 수급자들은 어떻게 살아가고 있는 건지 상상도 안 되고 엄두도 안 난다.

최저생계비, 이거 대체 모냐.

이 나라는 가난한 사람들이 살고 싶어 하는 나라는 아닌 듯하다. 부자들이 살고 싶어 하는 나라인지는 나도 잘 모르겠다. 확실한 건, 부자들이 살고 싶은 나라보다는 가난한 사람들이 살고 싶어 하는 나라가 좀 더 좋은 나라라는 거, 그리고 대한민국은 쫌 아닌 거 같다는 거. 우리 이제 삽질 그만하고 살 만한 나라 좀 만들자. 제발.

- 2010년 7월 '최저생계비로 한달나기 희망UP 캠페인' 체험단 수기 중에서

빈곤은 인류의 역사에 있어 일종의 '주홍글씨'이다. 인간이 인간으로서 살아가는 데 있어 물질적인 한계 때문에 '인간다움'을 상실하는 이 비극은 인류가 탄생한 이후 오늘날까지 뚜렷하게 극복하지 못한 결함 중의 하나이기도 하다. 예전에 사회 전체의 생산물의 총량이 그 구성원들의 기본 생활에 필요한 생활필수품의 총량보다 적었을 때는 빈곤 문제를 해결하는 것이 쉽지 않았지만, 19세기 이후 자본주의하에서는 대량생산 체제에 힘입어 사회 전체의 생산물의 합이 사회 전체의 생활필수품의 합보다 더 커졌기 때문에 원론적으로는 모두가 인간답게 살 수 있는 상황이 되었다. 그럼에도 불구하고 빈곤의 문제가 더 심각하게 발생하는 아이러니가 여전히 존재하고, 아니 오히려 더 심화되고 있는 것이 자본주의의 문제라 할 수 있다.

그런데 우리에게는 이런 현실을 변명하기 위한 듯 언제부터인가 하나의 관습적 사고가 형성, 유포되고 있으니, "빈곤은 나라도 구

제하지 못한다."는 말이 그것이다. 그러나 이 말은 인류의 주홍글씨에 해당하는 빈곤을 해소하기 위해 20세기 복지국가들이 얼마나 노력했는지를 짐짓 모르고 하는 이야기이다. 절대적 빈곤만이 아니라 상대적 빈곤까지도 계측하여, 인간다운 최소한의 생활이라는 것은 그 시대, 그 사회의 발전 정도에 따라 상대적으로 결정되는 것이라고 이해하고 이를 위해 각종 사회보장제도를 치밀하게 설계해놓은 것이 바로 동시대 선진 복지국가의 모습이라는 사실을 간과하고 하는 이야기이다.

또 다른 관습적 사고도 있다. "일할 수 있는 자는 스스로 일을 통해 벌어먹게 해야 한다."는 통념이다. 이것은 아무리 고통스런 일이라 해도 스스로가 근로 의지를 작동시켜 일할 수 있게 해야 하며 복지 제도는 가급적 최소한의 기반만 제공하게끔 설계되는 것이 좋다는 결론으로 이어진다. 현대 자본주의사회에서 근로는 하나의 고통이고 결국 소득을 올리기 위해 눈에 보이지 않는 강제력에 이끌려 행하는 단순한 '일'로 전락한 지 오래다. 일하지 않고 여가라는 이름하에 놀고 쉬는 것을 더 동경하고 찬양하는 추세가 정착된 지도 이미 오래된 것이다. 이런 상황에서 일을 통해 호구지책을 마련하라는 근엄한 경고는 새로운 바도 아니며 그렇게 유효하지도 않다. 오히려 이렇게 근로 능력을 발휘하지 못할 정도로 찌들어 살았던 사람들의 이력을 살펴보고 일에 대한 새로운 의미 부여와 동기 유발을 하지 않은 채 그들에게 스스로 자립해야 한다는 유일한 출구만을 강요하는 것은 백이면 백 실패할 수밖에 없다.

더군다나 우리나라도 고용 없는 성장의 시대에 접어들었고, 일자리의 공급이 수요를 따라가지 못하며, 창업에 따른 자본금의 수준이 점점 더 커지고 있는 상황에서 사회가 팔짱을 낀 채 "일할 수 있는 자 일로 벌어먹어라."는 준엄한 구호만을 되뇐다는 것은 결국 미필적 고의에 의한 폭력이 아닐 수 없다.

결국 이러한 관습적 사고 속에는 "빈곤은 그 스스로의 책임일 수밖에 없다."는 오랜 전통의 철학이 깔려 있다고 결론지을 수 있다. 그러나 1879년 세상에 나온 헨리 조지의 유명한 저서 『진보와 빈곤 Progress and Poverty』은 빈곤이란 인류 문명의 진보의 산물임을 밝히고 있다. 헨리 조지를 비주류 경제학자이고 돈키호테적인 이상론자로 치부하는 자들이 있다지만, 그가 인류의 빈곤이 결국 발전의 산물이며, 개인의 나태나 게으름이 아니라 사회의 구조적 산물이라는 점을 감동적이고 강력한 어조로 밝힌 것은 평가받을 만한 훌륭한 지적 자산이다.

그렇다면 1인당 국민소득 2만 불 시대를 자랑하는 오늘날의 대한민국에서 빈곤은 어떠한 모습으로 존재할까? 우리나라의 빈곤 구제는 상당히 오래된 역사를 가지고 있다. 중국보다도 더 앞서 고구려 고국천왕 16년(194년)에 실시된 진대법으로 그 기원이 올라간다. 춘궁기에 국가의 곳간[倉]을 열어 백성에게 쌀을 꾸어주고 추수기가 되면 다시 거두어들여 곳간에 저장해두는 훌륭한 빈민 구제 제도였고, 뒤에 흑창黑倉, 의창義倉, 상평창常平倉, 사창社倉 등의 이름으로 이어지면서 조선조까지 실시된 우리나라 고유의 제도였다. 일제강점기에는 한반도 전체가 일제의 수탈 대상이 되었고 토막민土幕民과 같은 더욱 처참한 빈곤층들도 존재하였다. 대동아전쟁을 일으킨 일제는 대동아공영권을 부르짖다 보니 일본 본토의 공공 부조 제도를 황국신민이라 스스로 규정지은 조선인에게도 적용해야 한다는 명분 때문에 1941년 조선구호령을 선포하였다지만 별반 실효성 있는 제도로 기능하지는 못했다.

이어 해방과 한국전쟁을 거치면서 월남민과 전쟁고아, 미망인 등 엄청난 빈곤층이 양산되면서 미국으로부터의 구호물자와 민간의 자발적 참여에 의존해 응급적인 구호 활동에 나서던 대한민국 정부는 1961년 5·16 군사정권이 집권하면서 생활보호법이란 법령에 의해 빈곤층 구제의 법적 기반을 수립하기에 이르렀다. 2000년 9월까지 존속되었던 생활보호제도는 대상자 선정 자체가 매우 까다롭고 소극적인 측면을 드러내고 있었다. 단적으로 부양의무자가 없는 18세 미만의 아동이나 65세 이상의 노인을 우선적 생활보호 대상자로 삼아, 원칙적으로 근로 계층이라 간주되는 18~65세 사이의 국민들은 배제 대상이었고, 예외적으로 근로 능력이 현저히 떨어지는 경우만을 포함시켰다. 또한 대상자는 시설 보호 대상자와 거택 보호 대상자, 자활 보호 대상자 등 세 가지로 나뉘고 거택 보호 대상자를 다시 1종과 2종으로 나누어 결국 거택 보호 대상자 중 1종만이 직접적인 현금 수급자가 되고 나머지는 모두 현물 급여자로 그쳤다.

이러한 역사에 새로운 전환이 이루어진 것은 1997년 IMF로부터 구제금융을 받으면서부터이다. 그때부터 확연히 새로운 빈곤층이 나타나기 시작하였는데, 경제위기에 따른 대량 실업으로 인해 노동능력이 있는 생산 계층 가운데에도 일자리를 찾을 수 없는 계층이 구조적으로 발생하였으며, 실제로 일한다 해도 비정규직이나 저임금으로 인해 언제라도 생활이 보장되지 않는 상태에 놓일 수 있는 계층이 사회적으로 인지되었다. 이러한 빈곤은 기존의 생활보호제도로는 제대로 대응할 수 없다는 문제가 시민사회로부터 강력히 제기되었고 정치권이나 정부와의 다양한 소통의 결과 국민기초생활보장제도가 2000년 10월 1일자로 시행되게 되었다.

새로운 국민기초생활보장제도는 몇 가지 점에서 생활보호제도보다도 훨씬 진전된 개념을 지니고 있는 것으로 평가되었다.* 첫째 생존권을 시혜가 아닌 권리의 시각으로 이해하고 국가는 이를 보장할 책무가 있음을 법 정신으로 하고 있다는 점, 둘째 연령대에 상관없이 누구라도 최저생계비 이하의 자는 실제 확보된 소득과 그것의 차이만큼을 현금 급여로 지급받게 되었다는 점(다만 부양

* 생활보호제도 시절인 1996년에 현금 급여 지급 대상자가 37만 1,000명에 불과하였으나 기초생활보장제도 시절인 2001년에 같은 대상자 수가 150만여 명이었던 점을 생각하면 큰 발전이 아닐 수 없다.

의무자가 있고 그가 일정한 경제력 이상을 확보하고 있을 때는 제외), 셋째 부동산이나 금융자산 등을 소득으로 환산하여 소득 하나로 그의 경제력을 평가하게 되었다는 점, 넷째 주거 급여를 신설하여 기존의 생계 급여, 자활 급여, 교육 급여, 의료 급여, 해산 급여, 장제 급여와 함께 7가지의 급여를 지급하게 되었다는 점 등을 들 수 있다. 이로써 이 제도는 시행 당시에는 대부분의 전문가로부터 우리나라 빈곤 정책의 역사에 새로운 장을 열었다고 평가되었다.

그러나 이 제도가 지금까지 우리나라의 빈곤층 해소에 얼마나 실질적 효과를 가져왔는지에 대해 냉정히 평가해보자면 그리 후한 점수를 매길 수 없다.

서울 성북구 장수마을. 2010년 7월, 참여연대는 '최저생계비로 한달나기 희망UP 캠페인'을 벌여 정부의 공식적인 최저생계비 수준이 얼마나 부적절한 것인지를 시민들이 체감하도록 하였다. 장수마을은 이 한달나기 체험이 이루어진 장소이다.

2010년 현재 국민기초생활보장제도는 전 국민의 3.4%인 163만 명 정도를 지원하고 있다. 그러나 정부가 빈곤층으로 규정하는 잣대는 매우 엄격하여 실제 빈곤하나 지원받지 못하는 인구가 우리 사회에는 매우 큰 규모로 존재한다.

이에 대해 정부 스스로 인정한 자료가 있는데, 2009년 3월에 정부는 빈곤 정책의 사각지대에 있는 인구가 410만 명이라는 놀라운 통계를 발표한 적이 있다. 〈표 6〉이 이를 잘 드러낸다.

〈표 6〉 한국 사회의 빈곤 정책의 사각지대 규모

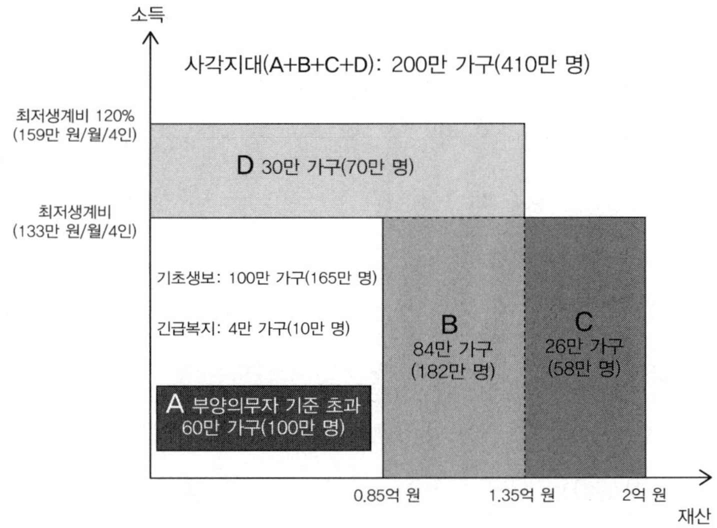

- 출처: 정부합동대책반, 「2009. 3. 12 민생안정 긴급지원 대책」

이 그림은 정부의 최저생계비 책정 기준을 중심으로 기초생활보장제도의 사각지대를 잘 표현하고 있다. 즉 2009년 4인 가구의 경우, 소득으로 보자면 월 133만 원 이하일 때, 그리고 자산으로 보자면 소득 환산 시 최저생계비 수준으로 간주될 수 있는 8,500만 원 이하일 때를 적용하면 이로 인해 생기는 사각형의 영역이 기본적으로 국민기초생활보장제도가 적용되는 인구 집단이 될 것이다. 그러나 2009년 3월 12일 민생안정 긴급지원 대책에서 정부가 제출한 자료에 의하면, 그 사각형 안에서도 부양의무자 기준에 의거하여 수급자가 되지 못하는 빈곤 계층(A집단)이 60만 가구 100만 명이며, 그 외 실제 소득은 월 133만 원 미만이지만 자산이 8,500만 원 이상 1억 3,500만 원 이하여서 실질적인 기초생활 유지가 어렵다고 보이는 경우(B집단)가 84만 가구 182만 명, 좀 더 자산 기준을 올려 자산이 1억 3,500만 원 이상 2억 원 이하인 경우(C집단)가 26만 가구 58만 명으로 추정된다. 그리고 전형적인 차상위 계층으로서 소득이 최저생계비의 120% 이하인 경우(D집단)가 30만 가구 70만 명이다. 이들 네 개 집단을 모두 합쳐 200만 가구 410만 명이 빈곤 정책의 사각지대에 있는 것으로 추산되는 것이다.

바로 이러한 410만 명 가운데 특히 A집단, 즉 소득과 자산 모든 면을 고려하여도 최저생계비 이하의 수준이어서 실제로는 생활 능력이 안 되는 가구임에도 부양의무자가 일정한 경제적 능력을 갖추었다고 판정되어 수급자로 인정받지 못하는 집단인 100만 명이 대다수 노인 계층으로 파악되고 있다. 이렇듯 가장 심각한 상태에 있는 A집단이 생기는 원인은, 현재 국민기초생활보장제도 법령에 의하면 부양의무자 가구와 피부양 가구 각각의 가구 원수를 모두 합산하여 그에 해당하는 최저생계비 수준의 130% 이상을 부양의무자 가구가 소득으로 갖고 있으면 피부양 가구는 원천적으로 수급권자가 될 수 없다는 지침 때문이다. 그러나 이는 국가의 생존권 보장 의무를 명시하고 있는 국민기초생활보장법과는 정면으로 배치되는 것인데, 바로 이 부분이 현재의 노인 빈곤을 사회적으로 방임하게 되는 제1차적인 원인이 된다.

따라서 국가가 소득이 부족한 가구에 대해 우선적으로 기초생활보장제도상의 급여를 지급함으로써 그들의 생존권을 보장해주고, 연후에 부양의무자가 있고 경제적 능력이 있다고 판명된다면 그들 부양의무자에 대하여 구상권求償權°을 발동하는 방식으로 제도가 개선되어야 한다. 특히 실질적인 부양 능력이 있으면서도 부양을 하지 않는 가족들에 대하여 사후적으로 엄격히 비용을 징구하는 방식으로 과감히 전환한다면 의도적인 부양 회피를 막는 예방효과도 있을 것이며, 국가의 재정 투여분도 그리 크지 않을 것으로 예견된다. 이렇게만 한다 해도 당장 100만 명에 해당하는 사각지대 인구가 일거에 구제되며, 이들 중 상당수를 차지하는 빈곤 노인의 문제도 해결된다 하겠다.

대한민국에 살면서 인간다운 생활의 최저선을 누리지 못하는 국민이 최소 100만 명, 더 나아가면 400만 명이 있다는 사실 앞에서 1인당 국민소득 2만 불 시대, G20과 같은 이야기들은 한낱 공허한 메아리에 불과한 것이다. 국민의 기본선이 지켜지는 것, 복지국가의 기본이 아닐 수 없다.

4. 빈곤한 노인, 불안한 노후: 고령화사회의 우울한 자화상

> 스웨덴의 거의 모든 노인은 무상으로 치료를 받고 있으며, 매월 82~926만 원 상당의 복지 급여를 받는다.
>
> - 박승희 외, 『스웨덴 사회복지의 실제』(2008) 중에서

오늘날 우리나라의 노인이 처한 현실은 고달프다. 2008년부터 기초노령연금이 지급되어 2011년 현재 65세 이상의 노인 중 70%가 매월 최대 9만 1,000원의 급여를 지급받지만, 그나마도 소득수준에 따라 8만 원, 6만 원, 4만 원, 2만 원 등 차등적인 급여를 받게 된다. 노인장기요양보험도 2011년 현재 노인 인구의 3.9%에게만 적용될 뿐이다. 〈표 7〉에서 보듯이 노인 중 최저생계비 이하—중위 소득° 50% 미만을 기준으로—는 45%에 달해 OECD 평균치인

13%를 훨씬 넘으며 OECD 국가 중에서 가장 높은 빈곤 수준에 놓여 있다. 홀몸 노인 가구의 비율은 전체 노인 가구의 20%에 달하고 이들 가구의 평균임금은 56만 원에 불과하다.

노인 중 연금생활자는 20% 정도에 불과하고 나머지는 젊었을

〈표 7〉 65세 이상 노인의 빈곤율 국제 비교: 중위 소득 50% 미만 노인의 비율

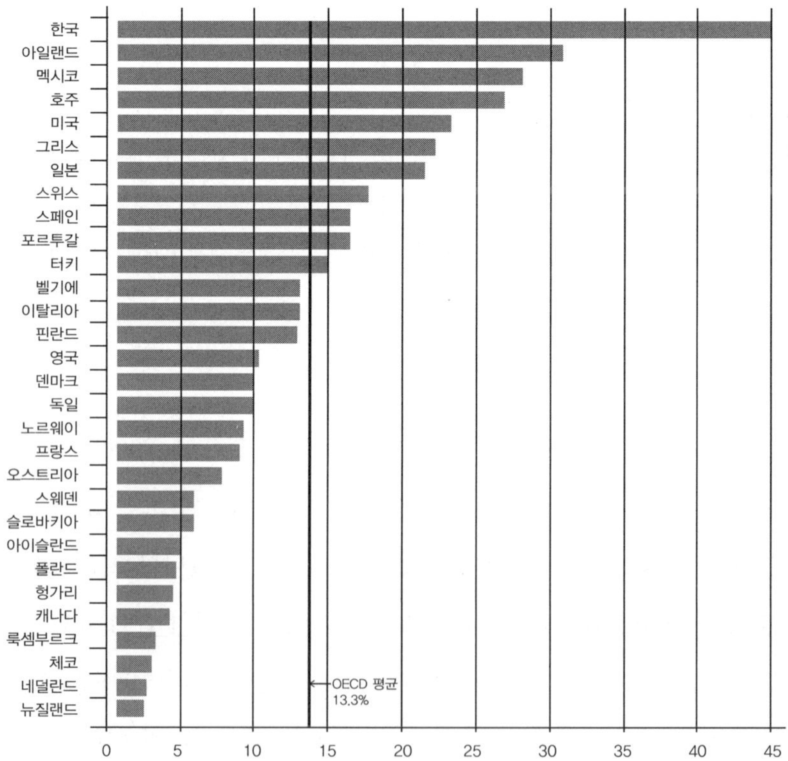

- 자료: OECD(2010)

때의 저축과 자식들에 의존해 산다. 그러나 부양의무자인 자식들로부터 부양을 받지 못하면서도 그들이 부양할 경제적 능력이 있다고 판단되어 기초생활 수급권자가 되지 못하는 경우도 허다하다. 앞의 3장에서 살펴보았듯이 현재 이러한 경우에 해당하는 사람이 공식적으로 약 100만 명에 달하며 이들 중 대부분이 노인일 것으로 추정되고 있다.

2010년 통계청이 발표한 「한국 노인의 노후 생활 실태」에 따르면, 현재의 노인 계층에게 있어 가장 어려운 문제가 무엇인지에 대해 41.4%가 경제적 어려움을, 40.3%가 건강 문제를 들고 있었다. 또한 중장년층에게 노후 준비가 되고 있느냐고 물었을 때 39%만이 그렇다고 대답하였을 뿐이며, 이들을 다시 100으로 했을 때 국민연금이나 공무원연금 등 공적 연금만으로 준비하는 이들의 비중은 41%나 되어 응답자 중 절반가량이 공적인 연금 외에는 별다른 노후 준비 수단이 없는 것으로 나타나고 있다.

특히 1인당 국민소득 2만 불의 대한민국에 살고 있는 노인들의 현주소는 이른 아침 출근길 지하철의 선반 위에 놓인 무가지를 회수하기 위해 펴지지 않는 허리를 펴서 팔을 겨우 뻗고 있는 모습으로 함축된다.

현재 노인들의 모습이 이렇다고 할 때 미래의 노인들의 모습은 크게 다를까? 노후 소득 보장을 위한 가장 기본적인 제도인 연금제도의 실상을 볼 때 그리 크게 다를 것 같지 않다. 다시 말해 우리 사회 구성원들의 노후는 현재도, 미래도 매우 불안하다고 생각된다.

우리나라는 지금 세계에서 가장 빠른 고령화율을 기록하면서 65세 이상 노인 인구의 비중이 2018년경 고령사회의 기준선인 인구의 14%선을, 2026년에는 드디어 초고령화사회의 기준선인 인구의 20%선을 넘어서게 된다. 그리하여 노인 인구는 2030년에는 인구의 24.1%, 2050년에는 37.3%에까지 도달할 것으로 예측되고 있다. 이러한 노인 인구의 급증 자체도 심각하지만 이들 중 빈곤 노인 인구가 상당 수준 포함되어 있다는 사실은 한국의 미래에 거의 재앙에 가까운 상황이 발생할 것이라는 점을 시사한다.

이러한 불안한 노후는 노인들에게 어떻게 안정적인 소득을 보장하느냐 하는 고민을 낳는다. 여기에는 두 가지 고민이 있다. 첫째는 당장 현재 시점에서 연금이나 국민기초생활보장제도에 의해 적정한 소득이 보장되지 않는 노인 인구를 어떻게 보호할 것인가 하는 것이며, 둘째는 미래 시점에도 이러한 노인 빈곤의 문제가 지속되지 않도록 현재 청장년층에게 미리미리 노후 소득에 대해 대비하도록 하는 방법은 무엇인가 하는 것이다.

노무현 정부 시절인 2007년 4월 국회는 기초노령연금법을 통과시켜 2008년 1월 1일부터 70세 이상의 노인 인구 중 일정 소득 미만자에게 기초노령연금을 지급하며, 2008년 7월 1일부터는 65세 이상의 인구에게로 적용을 확대하였다. 그리고 2009년에는 전체 노인 인구의 70%가 이 혜택을 받도록 명시하였다. 그리고 이때의 급여는 국민연금 가입자의 평균 소득을 기준으로 5%(2011년 현재 9만 1,000원)를 최대 수준으로 하여 경제적 능력에 따라 차등 지급하도록 하였다.

이렇게 도입된 기초노령연금법은 현재 시점의 빈곤 노인 문제를 해결하기 위한 제도로 고안되었고, 또한 그러한 기대감에 당시 노무현 정부와 국회는 이 법을 통과시켰다고 볼 수 있다. 그러나 이 제도는 노인 빈곤에 대한 근본적인 대책으로는 매우 미흡하다. 몇 가지 근거를 보자. 첫째, 이 제도는 한시적인 공공 부조 성격을 지니고 있다. 보건복지부 장관이 고시하는 일정한 기준 이하의 노인에게만 소득이 주어지므로 향후 전체적으로 소득수준이 향상되면 이 제도는 그 역할이 상당히 축소될 수 있도록 설계된 측면이 있다. 이는 기초노령연금제도가 국민연금제도와 연동되어 전 노인 계층의 노후 소득의 기본을 보장하도록 설계하는 기초연금제와 결정적으로 다른 점이다. 따라서 이 제도는 잔여적이고, 사후적이며, 보충적인 성격을 그대로 갖고 있다.

둘째, 이 제도의 급여 수준이 적절하지 않다는 점이다. 애초에 국민연금 가입자 평균 소득의 5%라고 되어 있지만 부칙에서 2028년까지 이를 10% 수준까지 올리는 계획을 수립하도록 되어 있어 5% 수준이 미흡함을 스스로 인정하고 있다. 그러나 정부나 정치권은 부칙에 담겨 있는 권장 사항을 비웃으며 요지부동으로 5%를 고수하고 있으므로 그들은 노인 빈곤에 대한 해결 의지를 전혀 보이지 않고 있다고 할 것이다.

셋째, 보충 급여의 성격을 띤다는 점이다. 서두에서 보았듯이 2011년의 경우에도 최대 9만 1,000원부터 5단계로 차등 지급됨으로써 최대 수급액을 받지 못하는, 실제적으로 빈곤한 노인층의 경우에는 가계에 별 도움이 되지 못할 가능성이 크다.

이렇듯 현재 노인 세대에 대한 사회적 보상의 의미를 지닌 기초노령연금은 재정 제약에 묶여 도입 이후 한 치도 진전되지 못한 채 현재 노인 빈곤의 방지책으로 충분히 기능하지 못하고 있다.

그러나 노후 소득 보장의 핵심은 누가 뭐라 해도 국민연금제도이다. 원론적으로 볼 때 국민연금제도는 매우 다양한 특징과 장점을 지니고 있다. 우선 이 제도는 원칙적으로 소득이 있는 국민을 가입 대상으로 하여 그들 가운데 부유한 이들은 은퇴 이후 받는 노령급여를 상대적으로 덜 받는 대신 가난한 이들은 상대적으로 더 받게 하여 가입 대상자들 간에 소득재분배 효과가 발생하도록 설계되어 있다. 이를 통해 사회 통합에 기여할 수 있게 한 것이다. 또한 물가 상승률을 반영하여 연금액의 실질 가치를 보장하며, 납부예외 제도를 두어 추후 납부가 가능하도록 하고 있으며, 노령연금 이외에도 장애연금, 유족연금 등 다양한 연금 급여를 보장하고 있어 노후의 소득 중단 위기에 대처하는 가장 안전한 노후 보장 수단인 것이다.

구체적으로 보면 먼저 국민연금은 급여의 산출 과정에서 소득재분배 기능을 강하게 갖고 있다. 즉 개인의 소득수준과 상관없이 전체 가입자의 평균 소득을 기초로 하는 '균등 부분(평등주의)'과 개인의 가입 기간 동안의 평균 소득을 기초로 하는 '소득 비례 부분(능력주의)'을 혼합하여 급여액을 산정함으로써 저소득층과 고소득층 가입자 간 급여 수준의 격차를 줄여 소득재분배 기능을 수행할 수 있게 되었다.

그러나 불행하게도 가장 기본적인 급여인 노령연금액의 소득대체율° 수준은 많은 변화를 겪어왔다. 1988년 도입 초기에는 평균 가입자가 40년간 보험료를 납부한 경우 본인 생애 평균 소득의 70% 수준을 매월 받는 것으로 설계되었지만, 1998년 국민연금법 개정으로 1999년부터는 이를 60%로 조정하였으며, 2007년 국민연금법 개정으로 2008년부터 이를 50% 수준으로 다시 낮추었고, 이후 매년 0.5%p씩 인하하여 마침내 2028년에는 소득대체율 수준이 40%로 내려가게 되어 있다. 바로 최근에 단행된 이러한 급여 수준의 대폭적인 인하 조치가 국민연금제도의 성격과 역할을 둘러싼 격렬한 논쟁을 촉발시키고 있다.

현행 국민연금이 미래의 노후에 대해 치명적인 불안 요인을 제공하는 것을 둘러싸고 주목되는 것은 세 가지로 압축된다.

첫째, 광범위한 사각지대 문제인데, 국민연금에 의해 미래 노후 소득이 보장되지 않는 사람이 너무 많다는 것이다. 현재 우리나라는 경제활동인구 중 약 93% 정도가 국민연금이나 특수직역연금에 가입하고 있어 형식적으로는 전 국민을 대상으로 연금제도가 적용되고 있음을 보여주고 있다. 그러나 문제는 납부 예외자가 그 수치에는 포함되지 않고 있다는 점이다. 이들은 일시적인 실직 등의 사유로 가입자 자격은 유지하되 보험료를 납부할 의무가 없는 사람이며, 납부 예외 기간은 당연히 연금 수급권 결정 및 급여 산정 시 반영되지 않는다. 납부 예외자는 2007년 현재 468만 명으로 국민연금 지역 가입자의 49.8%, 전체 가입자의 27% 수준이다. 이들 중 실직·휴직 등으로 인한 납부 예외자는 전체의 73%에 달하고 있다. 결과적으로 중요한 것은 국민연금 가입 대상자 네 명 중 한 명이 납부 예외자의 형태로 사각지대에 놓여 있다는 것이고 이들은 미래 빈곤 노인으로 출현할 가능성이 매우 높다는 점이다.

여기에 연금보험료의 징수율이 사업장의 경우 99.2%, 지역의 경우 75.2%로 지역 가입자 중 보험료 미납자가 상당수 존재하고 있는데 구체적으로 보면 6개월 이상 미납자는 250만 명이고, 이중 25개월 이상 미납자는 100만 명에 달한다. 결국 이들이 노인이 될 때 노령급여가 정상적으로 지급되지 않는 상황이 발생할 것이라고 예견할 수 있다.

결국 현행 제도가 이대로 유지된다면, 현재의 적용 사각지대 일부가 미래의 급여 사각지대로 자동 연결되어 미수급자가 여전히 존재할 것으로 예상된다. 국민연금제도의 성숙으로 연금 수급자는 2030년에 65세 이상 노인 인구 중 56.6%로 증가할 것이며, 2050

년에 67.2%로 예상되나 반면에 미수급자는 2030년에 28.8%, 2050년에 18.2%로 지속될 것으로 전망되고 있어 여전히 노인 빈곤층이 잔존할 것임을 말해주고 있다.

둘째, 2007년 국민연금법 개정으로 인해 국민연금 40년 가입자라 하더라도 소득대체율이 40%에 그쳐 대다수의 연금 가입자에게 적절한 노후 소득이 보장되지 않는다는 점도 커다란 문제이다. 더군다나 연금 가입 기간이 평균 23년 정도에 그친다는 추정에 따를 때 결국 가입자에게 적용되는 소득대체율은 23% 정도에 머물 것이기에 문제의 심각성은 더욱 크다. 현재는 출산이나 군복무 등의 기간이 연금 가입 기간에 산정되고 있고, 비정규직의 연금 가입을 적극 유도하고 있지만 근본적으로 취업 구조가 변화함으로써 취업 경력의 확대가 그리 용이하지 않다는 한계가 여전히 존재하고 있다.

셋째, 여기에 국민연금 재정의 불안정성에 대한 지적이 끊임없이 제기되는 것도 국민연금제도를 불안정하게 느끼는 국민감정과 직결되고 있다. 2007년 개정 이전의 제도하에서는 2036년 수지 적자 발생, 2047년 적립 기금의 소진이 예상되었으나 보험료 수준 동결과 급여 수준 대폭 인하의 결과 2060년대 후반으로 기금 소진 시점이 늦추어졌다. 그러나 그렇다고 해서 기금의 소진 문제가 근본적으로 해소된 것은 아니다.

국민연금 재정 불안정은 부담과 급여가 구조적으로 불균형한 데 그 원인이 있다. 현재 우리나라의 인구구성은 1950년대 형성된 베이비붐 세대가 두터운 인구층을 구성하고 있어 이들의 은퇴 시기가 맞물리는 2020~2030년대에는 연금 급여 지출이 급격하게 증가하게 되어 있다. 또한 베이비붐 세대의 은퇴 시기 이후에도 인구고령화가 지속되어 생산연령 계층의 노인 부양에 대한 부담 증가는 부과 방식°이든 적립 방식°이든 관계없이 연금 재정의 위기로 연결될 수밖에 없다.

그러나 이러한 재정 위기, 즉 기금 고갈이 그것 자체로 절대적인 문제로 인식되어야 하는가는 신중하게 생각해볼 여지가 있다. 바로 소위 '기금 고갈론'이 갖고 있는 논리적 함정에 주목해야 한다는 것이다. 보험수리학°적 측면에서 연금 재정이 고갈되면 연금 지급이 불가능하다는 전제가 과도하게 강조되는 것은 문제가 없지 않다.

연금 기금이 고갈되면 국가가 연금을 안 주는가? 혹은 근로자의 입장에서 연금을 못 받게 되는가? 그렇지 않다. 하나의 국가가 지구상에서 완전히 사라지지 않는 한 어떤 방식으로든 노인을 부양해야 하고, 기금이 고갈되는 시점에서 미래 세대는 노인 부양을 위해 보험료에 더하여 모자라는 부분을 세금으로 충당되게 되는 것이다. 서구의 모든 나라가 한 세기 동안 이와 같은 방식으로 노인을 부양해왔고 지금도 그렇게 하고 있다. 문제의 핵심은 기금이 고갈되느냐 아니냐가 아니라 연금으로 지급되는 총량(보험료와 조세를 합한 지출 금액)이 일국의 경제 수준에서 부담할 수 있는 정도까지 가느냐 아니냐이다.

2000년 현재 EU 국가들의 공적 연금 지출은 GDP의 10.4%에 이른다. 우리의 경우 GDP의 2.4%로서 EU 회원국의 약 20% 수준이고 국민연금제도의 성숙으로 인해 2050년에 GDP의 10.5% 수준에 달할 것으로 보인다. 이렇게 볼 때 국민연금제도 운영의 핵심은 GDP 10% 수준의 비중 안에서 어떻게 현재 세대와 미래 세대가 그 몫을 분담할 것인가의 문제이지 기금 고갈이 재앙이란 인식으로 접근할 문제가 아님을 알 수 있다.

거의 모든 국민을 하나의 제도에 포괄하고, 사회연대성에 기반하여 운영되는 사회보험 방식의 국민연금제도가 갖는 중요한 특징은 세대 간 노인 부양의 연대성에 있다. 즉 자기가 낸 돈만큼 자기가 가져간다는 사보험이나 개인 계좌 방식°과는 제도의 본질적 원리가 다른 것이 국민연금제도인 것이다. 그러나 유감스럽게 보험수리적 재정 안정화를 강조하는 대부분의 국민연금 개혁 방안은 결과적으로 국민들에게 국민연금을 사보험으로 인식하게끔 만들어 세대 간 노인 부양의 분담이라는 국민연금의 본질적 측면을 왜곡시키는 결과를 낳았다고 할 수 있다.*

* 국민연금을 사회적 연대가 아닌 사보험으로 생각하기 시작하면 방어하기 어려운 문제에 봉착하게 된다. 예를 들어보자. 40년 동안 총 5,000만 원의 보험료를 낸 부부가 65세에 은퇴하고 2달치 연금 120만 원을 받고 여행 중에 둘 다 사망했다고 하자.

이런 시각에 따라 2007년 무리하게 급여의 소득대체율을 무려 60%에서 40%까지로 인하해버렸고 이에 대한 보충 수단으로 도입된 기초노령연금제도는 앞에서 본 바대로 소극적으로 운용되고 있어 소득대체율 인하를 보완해주지 못하고 있는 것이다.

해결책은 없는가? 복지국가로 가는 길에 노후 소득 보장제도의 적절한 재설계는 필수적이다. 지금처럼 수많은 빈곤 노인이 방치되고 있는 것은 사회정의에도 부합하지 않으며 사회 통합에도 치명적이다. 국가의 경제 수준에 비해 현격히 뒤떨어진 복지 제도로 인해 이러한 문제에 대한 해결이 제대로 이루어지지 못했지만, 단기적으로는 기초생활보장제도의 개선을 통해 현 세대 노인층의 빈곤의 주요인인 부양의무의 소홀 문제를 해결하는 한편, 근본적으로는 현재의 연금제도에 대한 관점을 바꾸어 재정 안정화 논리에서 노후 소득 보장의 논리로 전환해야 한다. 그렇게 전환된 인식을 기초로 기초연금제와 기초 보장형 소득비례연금제°, 그리고 퇴직

그럼 이 사람에게 나머지 잔액인 4,880만 원을 돌려줘야 하는가? (아마도 이 문제로 장차 상당한 논란이 벌어질 것이다.) 반대로 동일한 부부가 100살까지 살았다고 하자. 그러면 낸 보험료보다 최소 2~3배의 연금을 탈 것이다. 그럼 5,000만 원 이상 타간 연금을 도로 뺏어야 하는가? 공적 연금의 기본 원리는 노후 생활이라는 위험에 노출될 확률이 비슷한 사람들이 더 많은 위험에 노출될 사람(즉 오래 사는 사람)을 위해 공동의 기금을 조성하는 것이다. 이런 연대적 사고방식으로 생각하면 사망한 부부에게 못 타간 돈을 지급하지 않고, 100살까지 산 부부에게 낸 돈보다 훨씬 많은 연금을 주는 것은 논리적으로 정당한 것이다.

연금제 등이 층층이 쌓여 종합적으로 노후의 소득을 조달하는 중층적中層的 연금제도를 설계할 필요가 있다.

서구 선진 국가들의 연금에 대한 고민도 결코 간단치 않았다. 그러나 세계은행World Bank을 비롯하여 신자유주의적 연금 개혁론자들은 공적인 연금제도를 개인 연금제도로 전환시켜 공공 기금의 운용 부담을 줄이고 대신 사적 금융시장에서 자유롭게 자금이 투자되도록 하며 또한 급여의 결정 방식도 자기가 기여한 만큼 비례하여 급여를 받는 것으로 제안하고 있다. 이러한 방식은 소득재분배 효과를 약화시키고, 연금제도 운영의 국가책임을 줄이며, 저소득계층의 노후 소득 보장에 취약함을 드러내는바 우리나라의 연금 개혁 방향에는 맞지 않다.

선진 유럽 국가들이 보여준 연금제도 개혁 방안 중 우리에게 긍정적인 시사점을 줄 수 있는 것이 2000년대 초반 스웨덴이 이루어낸 연금 개혁이다. 스웨덴은 10여 년간 정당과 노조 등이 대화하여 이견을 좁혀나가 드디어 기초연금제도를 최저 소득 보장형으로 수정하고 연금 기금 중 일부를 민간투자 기금에 투자하여 그 수익에 따라 연금액이 달라질 수 있도록 함으로써 경쟁과 효율, 재정 절약의 원리 등을 부분적으로 도입하였다.

따라서 우리나라의 경우도 현재 한국적 상황에 맞는 연금제도를 설계하고 이에 대해 다양한 정치집단과 사회 세력이 사회적 대화를 통해 성숙된 합의 과정을 찾아나가는 것이 중요하다. 현재처럼 재정 안정화 논리만 앞세우는 단선적 접근이 이루어져서는 안 된다. 그러나 무엇보다도 국민 일반이 연금제도의 사회연대적 원리를 깨닫고 연금제도의 소중함을 인식하여 올바른 연금제도의 해법에 관심을 기울이는 것이 진정한 연금 개혁을 위한 기초가 되어야 할 것으로 보인다.

결국 지속 가능하면서도 적절한 노후 소득 보장이 이루어지는 신뢰할 만한 연금제도를 만들어내는 것이 노후 불안 해소의 최선책이라는 점에 모두가 동의한다면 가장 시급히, 가장 치열하게 현재의 연금제도에 대해 수술을 가해야 한다. 그렇지만 정치권은 물론이고 우리 사회가 이에 대해 너무나 침묵하고 있는 것이 최대의 아이러니가 아닐 수 없다.

5. 100만 빈곤 아동이 존재하는 나라

> 결식아동에 대한 급식 지원은 교육청과 지자체를 통해 각각 학기 중과 방학 중으로 구분해서 이뤄지고 있다. 2009년 현재 학기 중 교육청이 급식을 지원하는 결식아동 수는 실제 결식아동보다 적은 69만여 명. 그러나 지자체가 지원하는 방학 급식 지원 대상 아동 수는 27만여 명에 불과해, 현재도 방학만 되면 굶게 되는 아이들의 숫자가 40만 명을 넘어 지원 예산을 대폭 늘려야 한다는 여론이 지배적이었다.
> 그러나 정부는 기존에 지원하던 얼마 안 되던 예산마저 재정 건전성 악화를 이유로 매몰차게 전액 삭감, 100만 명의 아동들이 방학 때 밥을 굶어야 하는 참담한 상황에 몰리게 된 셈이다.
>
> -『뷰스앤뉴스』 2010. 12. 9 기사 중에서

우리나라의 아동에 대한 정책은 상당히 후진적으로 진행되어왔다고 해도 과언이 아니다. 특히 아동에 대한 복지 정책적 측면에서 볼 때 이러한 진단은 결코 과장이라 할 수 없다. 그간 아동복지 정책은 소위 '요보호아동', 즉 보호를 필요로 하는 극히 일부의 아동을 대상으로만 전개되어왔다. 그리고 청소년의 경우는 복지 정책적 접근보다는 구체성 없는 '육성' 정책만이 주를 이루다가 2004년도에 와서야 청소년복지지원법이 제정되었지만 이를 기반으로 청소년 일반에 대한 실효성 있는 복지 정책이 전개된다고 보기는 어렵다.

흔히 '우리의 미래'라고 그 존재 의의가 한껏 강조되는 아동과 청소년에 대하여 이렇듯 국가·사회적 차원의 관심이 미진한 이유는 무엇일까?

첫째, 우리 사회의 강고한 가부장제적 전통을 들 수 있다. 오랜 농경 사회의 유습에서 공고화된 가부장제적 전통은 가장에 의한 가구원의 소유 의식이 강하게 형성되는 결과를 낳았고 특히 자신의 자녀들에 대한 소유 개념은 더욱 명시적이어서 자녀에 대한 물리적 소유 개념만이 아니라 의식 세계에 대해서까지도 소유 개념이 자리 잡게 되었다. 궁극적으로 이러한 전통은 아동의 문제를 가족 내의 문제로만 바라보려 하는 친족 우선주의적 보호 양식으로 자연스레 귀결되었다.

둘째, 유교적 관습의 확고한 잔존을 들 수 있다. 앞의 가부장제적 전통이 가장에 의한 아동의 소유 의식을 정착시켰다면, 유교적 관습은 어른의 권위 앞에 아동의 지위 및 권리가 설 땅이 없게 만드는 역할을 하였다. 장유유서長幼有序로 상징되는 봉건적인 유교적 전통은 아동의 자의식과 독자적인 사고, 독자적인 위상을 설정하는 데에 커다란 장애가 되었으며 결국 아동복지가 발달하지 않는 데에 결정적인 요인이 되었다고 하겠다. 이미 서구는 20세기를 '아동의 세기'라고 부를 만큼 아동에 대한 새로운 발견을 하면서 아동은 단순히 성인으로 가는 과정이 아니라 그 자체로 독특성을 지니고 있다는 관점을 갖게 되었고, 마침내 1989년 유엔은 「아동 권리에 대한 국제 협약」을 제정하기에 이른다. 그러나 우리는 여전히 19세기적 인식에 머물러 있다.

셋째, 아동에게 정치적 협상력이 없다는 점도 근본적인 미발전 사유가 된다. 어차피 복지 정책의 도입과 진전은 민주주의적인 선거 과정을 통해 정치집단이나 정당이 집권하는 과정을 통해 이루어지는데, 이때 중요한 것은 각 이해 집단들이 투표권을 통해 이들 정치집단이나 정당에 대한 지지 여부를 밝히는 것이다. 그러나 아동은 이 점에서 매우 불리한 조건에 놓이지 않을 수 없다. 물론 청소년 중에서 19세를 넘는 경우 참정권이 보장되기는 하지만 실제로 국가 및 사회의 적극적 지지망이 필요한 18세 미만의 아동에게는 투표권이 없다는 사실이 엄연한 현실이며, 이러한 아동 집단의 근본적인 한계를 생각할 때 아동의 권리와 복지 수준의 진전은 일반 시민들의 성숙된 복지 의식과 시민 의식이 전제되지 않는 한 해결되기 어려운 것이 사실이다.

넷째, 우리 사회 내에 아동의 권리 의식에 대한 사회적 각성이 미흡할뿐더러 이러한 아동의 권리와 아동의 복지를 대변할 역동적인 운동 단체가 없는 것도 아동복지 부진의 중요한 원인이라 하겠다. 현재 아동복지 관련 단체가 몇몇 존재한다고 하지만 대다수는 시설 운영자나 관련 기관 위주의 모임이며, 자신들이 관계하는 영역이나 관심사에만 국한하여 활동하는 경향이 있어, 아동의 문제 전반을 진단하고 아동을 위한 우리 사회의 운동 역량을 총결집하는 데에는 분명한 한계를 지니고 있다. 따라서 장애인이나 노인처럼 당사자 운동을 전개하는 영역과는 운동 성과에 있어 현저한 차이를 보이고 있어 이것이 아동 정책의 미비와 무관하지 않다고 보인다.

이런 가운데 노무현 정부 후반기에 아동복지 및 청소년 정책에 있어 일정한 진전이 있었던 것은 그나마 평가해줄 만하다. 노무현 정부는 2006년부터 사회투자전략social investment strategy°을 앞세워 신사회적 위험에 대비하기 위해 아동기에 투자를 집중할 필요가 있음을 천명하였던 것이다. 이러한 기조 속에서 당시 보건복지부는 희망스타트, 아동발달계좌제, 연령대별 건강검진제 등을 도입하였고, 청소년보호위원회에서 격상된 청소년위원회는 CYS-net(청소년통합지원체계), 청소년지원센터 확대 등의 정책을 실행에 옮기기 시작하였으며, 교육인적자원부에서는 교육 복지 개념을 내세워 교육복지투자우선지역사업, 학교사회복지사파견사업, 방과후교실사업 등을 본격화하였다. 그러나 이명박 정부에 들어서 이러한 확대 지향적 아동복지 정책의 맥락은 드림스타트사업의 확충 정도에 국한하여 이어졌고 아동과 청소년 정책 담당 부서가 보건복지부와 여성부 사이를 왔다 갔다 하는 혼란 속에서 정책이 표류하기도 했다.

그렇다 보니 현재 상태에서 아동 및 청소년 정책이 제자리를 잡았다고 평가하기 어렵고, 그런 가운데 가장 부끄러운 현실은 아직도 우리나라에 대규모의 빈곤 아동과 방임 아동이 있다는 사실이다.

연구자들에 따르면 우리나라의 빈곤 아동은 대개 전체 아동의 10%선에 이른다. 18세 미만의 아동 인구가 1,100만 명 정도임을 감안할 때 '빈곤 아동 인구 100만 명'이란 표현은 전혀 과장된 것이 아니다.

이러한 빈곤 아동을 범주별로 보면 기초생활보장 수급 가구의 아동, 차상위 가구의 아동, 해체 가구의 아동 등으로 나눌 수도 있을 것이다. 이를 그림으로 나타내보면 〈표 8〉과 같다.

〈표 8〉 빈곤 아동의 범주

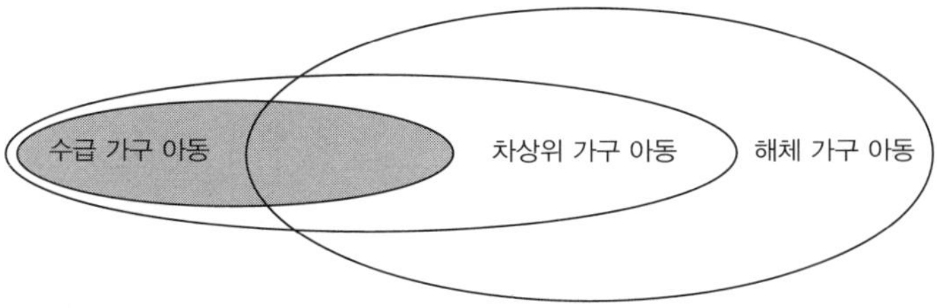

결국 아동의 빈곤은 가구의 빈곤에서부터 1차적으로 시작된다. 특히 아동을 양육하는 가정의 빈곤이 심화되는 요인으로 가족의 해체 현상을 꼽지 않을 수 없으며 그 전형이 한부모 가정의 증가일 것이다.

최근 이혼율이 증가하는 등 가족해체 현상이 심화되고 있다. 이에 따라 2003년도에는 조이혼율[°]이 3.5, 결혼 건수 대비 이혼 건수 비율이 54.8%로 가장 높은 이혼율을 보이기도 했다. 그 이후 약간씩 진정되어 2007년에는 조이혼율 2.5, 결혼 건수 대비 이혼 건수 비율 36.1%에 머물러 있기는 하지만 여전히 높은 이혼율을 보이고 있는 셈이다. 그러다 보니 당연히 한부모 가정, 그 가운데서도 여성 가구주의 비율이 늘어나는 추세다. 최현수·류연규(2003)의 연구에 의하면 전체 가구 아동 빈곤율은 9.8%이지만 한부모 가구 아동 빈곤율은 27.7%여서 거의 3배에 달하는 것으로 나타나고 있다. 또한 윤홍식(2003)의 연구는 여성 가구주의 빈곤율이 남성 가구주의 빈곤율보다도 3배 가까이 높다고 보여준다.

따라서 이혼을 포함하여 사별, 가출 등으로 가족해체가 일어나는 가정 내의 아동보호에 대해 각별한 사회적 지원이 있어야 하지만 현재 우리나라 정책은 한부모 빈곤 가정에 대해 고작 월 5만 원을 지원하며 지역아동센터 등을 통해 방과 후의 보호를 지원하는 정도에 그치고 있다.

더 나아가 우리나라의 경우, 아동에 대한 사회적 양육 개념에 따라 선진국에서는 진작부터 발달되어온 아동수당 제도조차 전혀 도입의 기미가 없다. 대부분의 선진국에서 ILO의 권고를 받아들여 18세 미만 아동에게 수당을 지급하고 있는 것과 비교하면 가장 근본적인 차이점이라 하겠다. 또한 2009년 이전까지는 이혼 과정에서 아동 양육을 보장하는 제도적 장치가 없었다. 따라서 자녀 양육비에 대한 합의 없이도 간단한 신고만으로 이혼이 가능하여 무책임한 이혼에 따른 자녀 양육상의 문제를 유발했다.

비록 2000년대 초반 통계이긴 하지만 아동 1인당 연간 복지 지출비가 스웨덴이 3,961불, 프랑스가 2,162불, 독일이 1,707불, 영국이 913불, 미국이 297불인 데 비해 한국은 40불이었다. 이를 통해 우리나라는 아동에 대한 투자를 선진국의 1/7~1/100 수준밖에 하고 있지 않음이 드러나기도 했다.

이러한 아동 정책의 부실함은 빈곤 아동보다 좀 더 확대된 범주인 방임 아동의 문제로 발전된다. 즉 결식아동 등 가정 내에서 방임되는 아동, 해체 가정 또는 해체 위기에 있는 가정의 아동, 빈곤 가정 내의 부적절한 양육 조건에 있는 아동, 학교 부적응 아동, 그리고 일반 맞벌이 가정의 아동으로서 방과 후 보육 여건이 마련되지 않은 아동 등 폭넓은 방임 아동이 우리 사회에 존재하고 있는 바, 이 아동들에 대해 정서 및 건전한 인격 함양, 학습 능력 제고, 왕따 등 학교 부적응 사유에 대한 대처, 방과 후 아동 양육 부담의 해소, 가정과 지역사회 내의 문제 해결 등을 행하는 사회적 체계가 극히 미흡하다는 것이다.

이를 위해 방과 후 보육 체계가 지역사회와 학교를 중심으로 치밀하게 조성되어야 한다는 주장이 지속적으로 제기되고 있다. 〈표 9〉에서처럼 1차적인 대상은 아동의 10% 정도에 달하는 빈곤 방임 아동이지만 2차적으로는 취학아동의 29.6%로 추정되는 소위 '열쇠 아동'이고 3차적으로는 모든 초·중등학교 아동이라고 분류할 수 있을 것이다.

현재 방과 후 보육을 담당하는 인프라는 지역사회 내에서는 지역아동센터와 학교가 주종을 이룬다. 지역아동센터는 과거에 공부방으로 시작한 순수하고 자발적인 민간 기관이었으나 2005년 법정 시설이 되고 정부의 운영비 지원이 이루어지면서 2011년 현재 시설수가 4,000개를 육박하게 되었다. 그러나 여전히 지역사회 내 방임 아동에 대한 보호 책임을 국가가 완전히 지지 않으므로, 이들 센터의 운영비가 충분히 조달되지 않아 헌신적인 민간의 노력에

〈표 9〉 방과 후 보육의 대상 아동

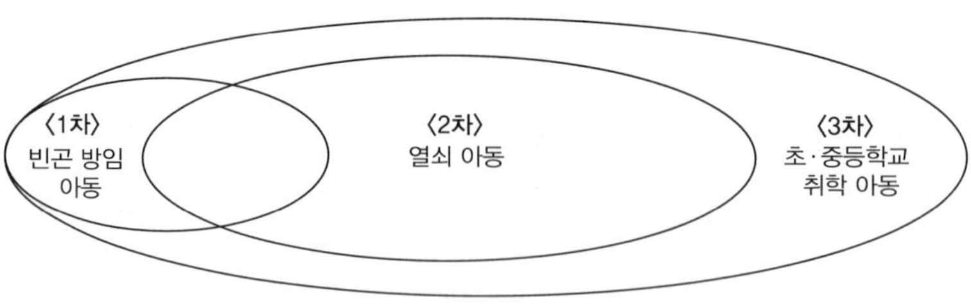

의해 센터 운영과 아동보호의 질이 결정되는 등 여전히 질 좋은 방과 후 보육 인프라로서 기능하기에는 문제가 있다.

노무현 정부에서 시작된 방과후학교사업은 방과 후의 특기 적성 교육을 담당하는 역할에서 현재는 종일돌봄교실사업이 추가되어 맞벌이 가정이나 빈곤 가정의 초등학교 저학년 아동들에 대해서는 저녁 시간까지 직접 보호를 하는 기능도 수행하고 있다. 전국의 모든 초등학교에까지 확대하여 시행하고 있으나 지역사회와의 적극적인 교류 없이 학교 안에서 고립적으로 몇몇 아동을 보호하는 것이 얼마나 실효성이 있는지에 대해서는 여전히 의문이 제기되는 상황이다.

저출산 시대, 이 땅에 태어난 아동과 청소년 한 사람 한 사람이 소중한 시대다. 그리고 무엇보다도 아동은 우리 사회 모두의 자산이란 측면에서 아동의 사회적 양육의 기조가 절대적으로 필요한 시대다. 언제나 이러한 기조가 정책 현장에서 가시화될지 여전히 앞이 보이지 않는다.

6. '박탈의 트라이앵글' 늪에 빠진 한계 계층들

스물여섯의 팔팔한 청춘에게 사랑은 사치였다. 8만 원, 휴대전화 요금 고지서에 찍힌 금액을 보는 순간 그는 연애를 '끊기로' 결심했다. 3만 원이 아까웠다. 통화는 비싸서 안 하고 문자도 '세 번 오면 한 번만' 보내며 자제를 했건만, 원래 5만 원 나오던 요금이 3만 원 더 나왔다. 차라리 그 돈으로 등록금 대출을 갚자는 생각이 들었다. 지하철 알바를 하며 만났던 연하의 청년과 연애의 가능성을 실험해보기엔 그의 어깨에 얹힌 짐이 컸다. 2014년, 대학 등록금 대출 상환이 끝나는 날은 아득히 멀다. 아침부터 저녁까지 알바를 뛰어도 손에 쥐는 돈은 겨우 100만 원 안팎, 한 달 60만 원 등록금 대출을 갚으면 한 푼이 아쉽다.

- 『한겨레21』 2009. 8. 7(제772호)

기획 기사 「사랑은 88만 원보다 비싸다」 중에서

한국 사회의 밑바닥에는 현재 박탈의 트라이앵글tri-angle이라는 늪이 있다. 중산층이었다 해도 추락하여 그중 어느 한 개의 늪에라도 빠져버리면 헤어나지 못하고 세 개의 트라이앵글로 된 늪을 계속 전전할 수밖에 없는 운명이 기다리고 있는 것이다.

그렇다면 그 세 개의 늪이란 무엇일까? 첫 번째가 실직자의 늪이요, 두 번째가 저임금 비정규직의 늪이며, 세 번째가 저소득 자영업자의 늪이다. 우선 각각의 늪에 대해 생각해보기로 하자.

먼저 실직자라는 늪이다. 현재 우리나라의 실업률 공식 통계는 안정되어 있고 더군다나 양호한 편이다. IMF 경제위기 때나 2008년도 금융위기 때를 제외하고는 3% 내외에서 유지되고 있고 실직자 규모 역시 70만 명 선에 머물고 있다. 그러나 우리나라가 채택하고 있는 ILO 기준 실업률 통계는 조사 시점에서 지난 1주일간

〈표 10〉 박탈의 트라이앵글이라는 늪

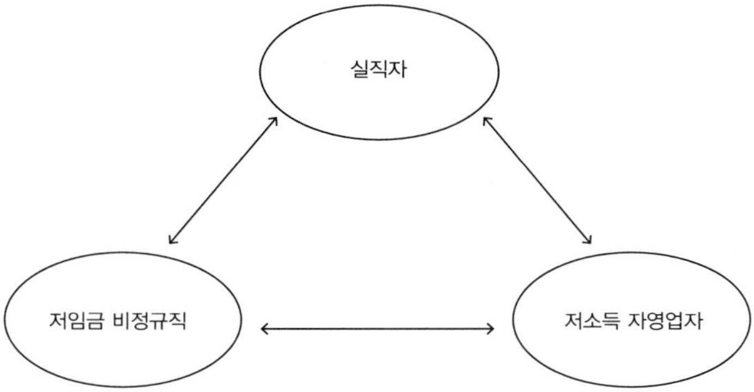

유급으로 1시간 이상 일을 했거나 아니면 농사 등 가족 종사 사업에 무급으로 18시간 이상 일을 했다면 취업자로 분류한다. 따라서 유급 노동을 단 한 시간만 해도 취업자로 분류된다는 사실을 확인했다면, 우리는 이 실업률 통계가 실업률을 매우 낮게 잡고 있다는 것을 알 수 있다. 실제로 통계청의 2010년 2월 발표에 의하면 일주일에 10시간 미만으로 고용되어 일하는 사람들의 수가 100만 명을 넘어서고 있는 것으로 알려져 있다.

또한 구직을 포기하고 진학을 준비하거나 가사 노동을 돕는 실망 실업자들이 늘어나지만 이들은 비경제활동인구로 분류되면서 실업률 통계 자체에서 고려되지 않게 된다. 특히 청년의 경우 이렇게 실망 실업자들이 많이 늘어나고 있는 데다가 실업률 자체도 2010년 3월의 통계청 발표에 의하면 10%(44만 명)나 되어 '청년백수'라는 말이 어색하지 않음을 알 수 있다.

다음으로 저임금 비정규직이라는 늪이다. 비정규직은 IMF 경제위기 이후 노동시장의 급격한 구조조정과 유연화 과정에서 빠른 속도로 확대된 영역으로서 2010년 8월 현재 전체 노동자의 33.4% 아니면 50.4%로 파악되고 있다. 이렇게 두 가지 수치로 파악되는 이유는 비정규직의 정의를 어떻게 하느냐와 관련되어 있다. 전자의 정의는 주로 정부에서 사용하는 것으로서 상용직은 물론이고 임시직이나 일용직이라 하더라도 사용자의 감독권이 미치는 사업장에서 전형적인 근로시간에 일하는 소위 정형 근로자standard worker라면 정규직으로 보는 입장이다. 따라서 이 정의에 의하면 한시적 근로, 시간제 근로, 파견, 용역, 특수고용°만을 비정규직으로 보게 된다.

그러나 후자의 정의는 주로 민간 노동단체에서 사용하는 것으로서 정형 근로자라고 하더라도 임시직이거나 일용직은 모두 비정규직으로 보는 입장이다. 따라서 이 정의에 따르면 전자의 정의보다 비정규직의 범위가 훨씬 넓다.

이러한 규모의 문제와 함께 본질적인 문제는 비정규직의 근로 여건이 매우 열악하다는 것이다. 비정규직은 언제라도 해고될 수 있어 고용 형태가 매우 불안한 것만도 치명적으로 불리한데, 임금 수준마저 상대적으로 낮아서 임금이 평균적으로 정규직의 50% 수

〈표 11〉 비정규직의 범주에 대한 견해 차이

구분	정형 근로	비정형 근로 (한시직/시간제/파견/ 용역/특수고용 등)
상용직	A	C
임시직/일용직	B	D

– 정부의 비정규직 범주: C + D

– 노동계의 비정규직 범주: B + C + D

준에 그치고 있다. 게다가 이들은 대부분 중소기업 등에 종사하는 비중이 높고 근로기준법을 제대로 적용받지 못하며 퇴직금이나 상여금을 포함한 기업 복지에서 소외되어 있다. 또한 이들은 4대 사회보험 보험료를 자의 반 타의 반 내지 않는 경우가 많아서 약 30% 정도만이 사회보험 혜택을 받을 뿐 대부분 사회보험 사각지대에 놓여 있다. 그렇기에 비정규직을 '막다른 일자리dead-end job'라고 불러도 크게 과장하는 것은 아닐 것이다.

세 번째는 저소득 자영업자라는 늪이다. 2010년 현재 우리나라의 취업 인구 중 자영업 종사자는 28.3%에 이른다. 이는 OECD 평균치인 14%의 2배이고 미국의 7%에 비하면 4배나 많은 비중이다. 따라서 '자영업 포화 상태'라고 해도 과언이 아니다. 당연한 결과로서 자영업 종사자 중 상당수가 한계 상태에서 정상적인 수익을 올리지 못하기 때문에 일정 시간이 지나면 더 이상 버티지 못하고 폐업을 하게 된다.

통계청 '2004~2009년 사업체 생멸(생성·소멸) 현황 분석' 결과에 따르면, 조사 기간 동안 연간 59만 5,000개가 문을 열고, 동시에 57만 7,000개가 문을 닫는 것으로 나타났다. 신규 업종으로는 도소매업(25.2%)과 숙박음식업(20.9%)의 비중이 도합 46%였고, 휴·폐업 사업체 중에서도 도소매업(26.8%)과 숙박음식업(22.1%)의 비중이 49%였다. 한편 신생 업체가 휴·폐업 없이 존속하는 기간인 생존율을 보면 2004~2009년에 1년 생존율이 평균 70%, 2년이

55%, 3년이 45% 안팎이었다. 신생 업체의 55% 안팎은 3년을 넘기지 못하고 문을 닫았다는 의미다.

늪은 한번 빠지면 빠져나오기 힘들 듯이 이들 각각의 늪도 그 자체에서 희망적인 출구를 찾기는 어렵다. 비록 하나의 늪에서 빠져나온다 해도 그들을 기다리는 것은 옆에 놓여 있는 또 다른 늪이다. 예를 들어 대기업에서 명예퇴직자로 분류되어 퇴직금과 함께 40대 후반에 밀려나온 M 씨. 그는 아직 고등학교에 다니는 자녀가 둘이나 있고 가족의 생활 자체를 당장 해결해야 한다. 그러나 해고는 유연하지만 입사는 유연하지 않은 우리나라 기업 풍토에서 그가 갈 곳은 없다. 결국 대단한 결심을 하여 그는 그 흔한 '사장님'이 되기로 결심하고 유명 음식 업체의 프랜차이즈를 차리기로 한다. 퇴직금의 절반 이상을 쏟아부어 지점 자격을 얻고 각종 인테리어를 하여 창업 준비를 마치고 드디어 개장한 M 씨였지만 이미 포화상태의 동네 음식점끼리의 경쟁을 뚫고 버티기란 쉽지 않았다. 처음에는 아는 사람들을 중심으로 장사가 되는 것 같았지만 2~3년이 지나면서 매출액이 영 신통치 않아 눈물을 머금고 문을 닫게 된다. 이어 잠시 실직 상태에 놓여 있으면서 당장 또다시 사업을 시작할 엄두를 내지 못한 채 지내다가 비정규직이지만 야간 경비를 서는 일이 그래도 가장 나을 것 같아 월 150만 원을 받기로 하고 야간 수위 생활을 시작한다. 그렇지만 밤낮이 바뀐 생활 리듬과 주위의 시선을 견디지 못하고 약간의 돈을 마련하여 소규모 동네 분식

집을 인수받아 다시 자영업 세계로 뛰어든다. 그러나 이것도 역시 2~3년이 지나면서 다시 폐업하게 되고…….

이러한 이야기는 결코 드문 사례가 아니라 우리 주위에서 얼마든지 접할 수 있는 이야기라는 점에서 박탈의 트라이앵글이라는 늪이 실제 존재한다고 봐도 무방할 것이다. 이러한 이야기는 결국 한때 중산층으로서의 생활을 영위하다가도 한번 한계 계층으로 전락하고 나면 다시 일어서는 것이 여간 어렵지 않다는 것을 보여준다.

문진영(2008)의 연구에 따르면 2008년 12월 현재 실직자는 78만 명, 2007년 현재 저소득 자영업자의 추정치는 207만 세대 578만 명, 저임금 비정규직 추정치는 383만 명에 이르러 이들 박탈의 트라이앵글에 갇힌 이들이 모두 1,039만 명에 달하는 것으로 보고 있다.

이렇듯 우리 사회에는 개인적인 노력에도 불구하고 절망의 늪을 빠져나오지 못하여 생을 비관하는 많은 사람이 존재한다. 이것의 원인은 결국 우리 사회 복지의 안전망이 부실한 데 있을 것이다. 따라서 이들이 다시 중산층으로 올라설 수 있도록, 박탈의 트라이앵글이란 늪을 전전하지 않도록, 그리고 패자 부활이 가능하도록 우리 사회 내에 다양한 지원 체계를 마련해야 한다.

대표적인 대책을 몇 가지 들어보기로 하자. 우선 실직자를 위해서는 현재보다 더 관대한 급여와 치밀한 재취업 지원 서비스가 관건이다. 현재와 같이 최장 8개월까지만 실업급여가 지급되면 그 이후의 생활에 대해서는 아무도 담보해주지 못하게 된다. 사실 이렇게 하여 장기 실업자들은 재취업에 대한 훈련과 교육의 기회조차 얻지 못하고 생활 유지에 급급하여 '막다른 일자리'로 쫓기듯 스며들게 되는 것이다. 청년백수를 위해서는 소위 로제타플랜Rosetta plan°처럼 청년의 의무고용제를 도입할 수도 있는 것이다.

또한 비정규직의 경우, 정규직으로의 전환이 핵심이다. 특히 공공 부문에서는 비정규직을 금하는 정책이 필요하다. 정규직 전환을 위해 정부는 정규직 전환 시에 보조금을 지급하거나 노동시간을 단축하고 일자리를 나누는 노력을 적극 유도할 수 있어야 한다. 근본적으로는 '동일노동-동일임금'이란 원칙에 의거하여 같은 직종에서 같은 종류의 작업을 같은 시간 행한다면 동일한 임금이 주어져야 한다는 원칙을 지키는 것이 필요하다.

자영업자를 위한 대책 역시 필요하다. 우선 자영업자의 경우 고용보험을 적용하기 어려우므로 이들이 가입할 수 있도록 고용보험 가입 자격 요건을 완화하거나 아예 실업수당을 제공하는 것도 고려할 수 있다. 그러나 근본적으로는 자영업자의 규모를 줄여나가는 것을 생각해보아야 한다.

자영업자나 비정규직의 대체 고용을 위해 사회적 일자리를 확충하는 것이 필요하다. 사회적 일자리는 공익적인 목적에는 부합되나 수익이 확보되지 않거나 수요가 아직 많이 없어 시장에서 조달하기에는 어려움이 있는 영역에 공적인 사업 주체들이 뛰어들어

국가나 지방정부, 공익 지원 단체의 지원을 받아 재화나 서비스를 생산하는 과정에서 창출되는 일자리를 뜻한다.

사회적 일자리가 늘어나는 것은 국민들을 위한 공익 서비스가 그만큼 풍부해지면서, 취업 인구가 늘게 되는 이중의 효과를 지닌 것으로 작은 정부를 지향하는 보수적인 정부에서는 생각하기 힘들지만 이미 서구의 많은 국가에서 활성화된 정책이다.

우리나라가 복지국가의 길로 가게 되면 우리 사회에 존재하는 이러한 박탈의 트라이앵글이라는 이름의 늪 역시 오래지 않아 사라질 것이다.

7. 대한민국은 자살 공화국

자영업을 하는 50대 가장이 부인, 아들 2명과 함께 집에 연탄불을 피워 동반 자살했다. 17일 경기 수원남부경찰서에 따르면 지난 16일 오후 7시 50분쯤 수원시 팔달구 인계동의 한 아파트에서 김모 씨(52)와 부인 박모 씨(49), 중학생(14)과 초등학생(12) 두 아들 등 일가족 4명이 숨진 채 발견됐다. …… 거실 탁자 위에서는 '가족한테 미안하다. 애들은 맡길 사람이 없어 데려간다.'는 내용의 A4용지 2장에 김 씨가 쓴 유서가 발견됐다. 김 씨는 보증금 2,000만 원, 월세 70만 원짜리 아파트에 살고 있었으나 몇 달치 집세를 내지 못하는 등 최근 형편이 좋지 않았다고 경찰은 밝혔다.

- 『경향신문』 2011. 6. 17 기사 중에서

연일 우울한 자살 소식은 너무나 일상적인 듯 너무나 익숙하게 전해지고 있다. OECD 국가 중 최고의 자살률을 보여주고 있는 대한민국을 가히 '자살 공화국'이라고 불러도 뭐라 할 말이 없다. 2010년 한 해 모두 1만 4,000명, 하루에 40명 가까이, 두 시간에 세 명꼴로 자살하는 나라가 대한민국이다. 인구 10만 명당 30명이 자살하고 있는 우리나라는 이웃 일본의 19명을 능가하고 있고 스웨덴의 10명이라는 수치를 비웃고 있다. 우리나라 자살률의 심각성은 1988년, 1998년, 2008년을 거치면서 10년마다 이 수치가 배로 뛰었다는 점에도 있다.

대한민국에서의 자살이 과연 스스로 목숨을 끊는다는 의미의 '자살自殺'인가? 그에게 목숨을 끊으라고 강요한 보이지 않는 손은 없었던가? 우리 사회가 우리 사회 구성원의 일부를 벼랑 끝으로 내몰았고 출구가 없는 그들은 마침내 스스로의 방어기제를 더 이상 발동시킬 수 없어 죽음에 이를 수밖에 없었던 것은 아닐까? 아니 아주 순전히 그의 죽음이 100% 개인적인 이유와 사유 때문이라 하더라도 우리 사회가 그로 하여금 죽음을 선택하지 않도록 희망의 사다리를 놓지 않고 그를 방치·방임했다는 점에서 적어도 한 사회의 자살은 사회적 의미를 지니는 것은 아닌가? 이런 점에서 나는 일찍이 2003년도에 자살을 '사회적 타살'로 정의하기 시작하였다.

사회적 타살.

2007년부터 2009년까지의 서울지방경찰청이 밝힌 자살 현황에 따르면 전체 자살자 수에는 큰 변화가 없지만 세계경제위기로 경기 침체가 시작된 2008년부터는 빈곤이나 사업 실패 등 경제난으로 인한 자살 사망자 수가 급격히 늘어났다고 한다. 자살의 이유가 빈곤인 경우는 2007년 64명에서 2009년 151명으로 2.4배 증가했고, 사업 실패인 경우는 59명에서 138명으로 2.3배 증가하였다. 희망을 잃어 자살을 택한 경우도 105명에서 253명으로 2.4배 증가했고, 가정불화로 자살한 경우는 88명에서 304명으로 3.5배 이상 크게 늘었다.

현재 우리나라의 자살자 중 진정으로 생활고를 비관하여 자살한 사람이 얼마나 되는지는 정확히 알 수 없다(실제 경찰의 자살 원인별 통계도 추정치일 뿐이다). 그러나 경제난과 빈부 격차의 심화, 신용 불량자의 급증 등의 정황을 고려할 때 생활고를 비관하여 자살하는 사람이 급격히 늘어나고 있다는 것을 알 수 있으며 이를 사회적으로 가볍게 보아서는 안 될 것이다.

예나 지금이나 우리 사회에서 생활고를 비관하여 극단적으로 생을 마감하려는 사건이 빈발하는 것은 우리 사회에 구조적인 한계가 있음을 반증하는 것이다. 특히 우리 사회에는 전형적인 빈곤층만이 아니라 일반 회사원, 소규모 업체 사장 등 중산층이었지만 어떤 불행한 계기로 인해 한번 나락으로 떨어지면 극도의 생활 궁핍에 시달리게 되는 "벼랑 끝 계층"이 존재하고 있다. 또한 우리 사회에는 과거와는 달리 일하면서도 생활고에 시달릴 수밖에 없는 '신빈곤층working poor'이 존재하고 있다.

〈표 12〉 소득 계층별, 종사 지위별, 인구 계층별 복지 제도의 적용 실태

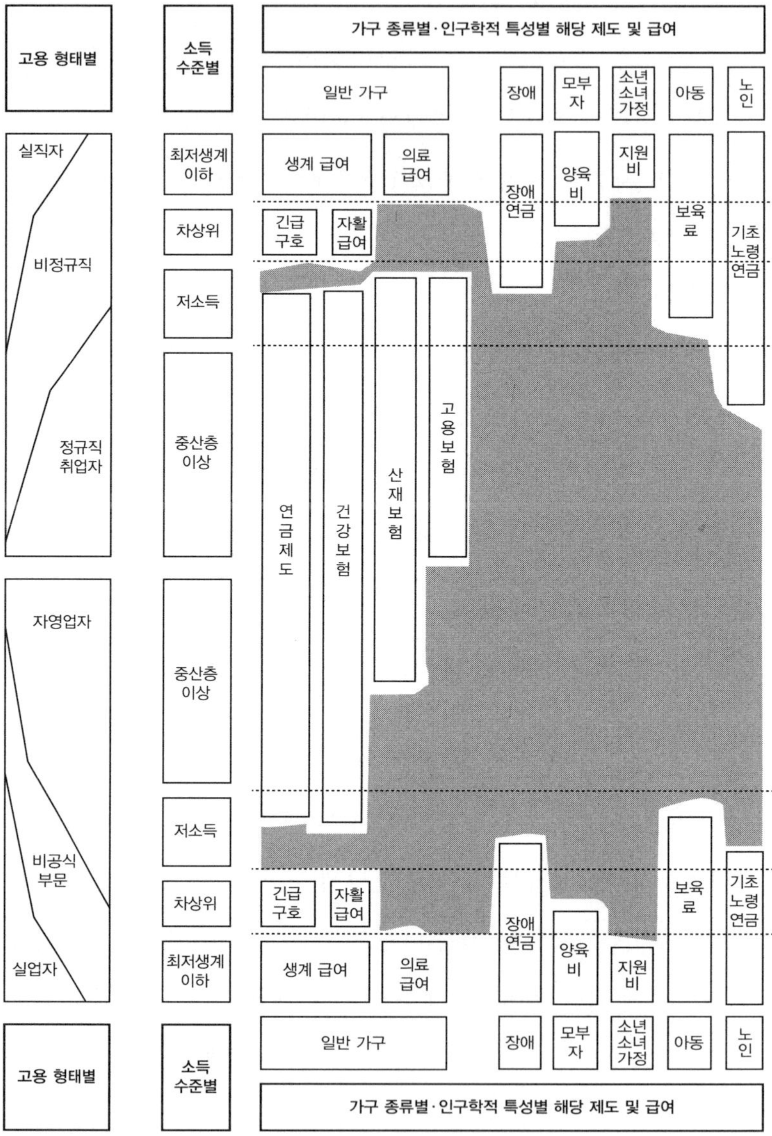

따라서 다시 한번 강조하지만, 이러한 자살의 만연 현상은 우선 그 원인이 순전히 개인의 부족, 무능, 나태, 심리적 장애 등이 아니라 사회구조적이라는 점에서, 그리고 사회 구성원 중 적지 않은 이들이 생활고로 인해 가장 극단적인 해결 방안(?)이자 구제 수단(?)인 자살을 선택하기까지 별다른 사회적 지원 장치가 작동하지 않는다는 점에서 '개인적 차원의 자살'이 아니라 '사회적 차원의 타살'이라고 정의 내리는 것이 옳다. 더군다나 스스로의 형편과 처지에 대해 귀책사유를 찾을 수 없는 아동과 청소년의 자살은 더욱더 사회적 책임이 크다. 나아가 가족 동반 자살은 더 큰 문제이다. 배재대학교의 이미숙 교수가 지적하듯, 이는 정확히 말하면 '자녀 살해 후 자살'로 불러야 한다. 아무런 죄 없이 태어난 자녀의 생명을 이 사회가, 그들의 부모가 거두어가는 것은 용납될 수 없는 야만이다.

벼랑 끝에 내몰려 사회에 의한 타살로 생을 마감해야 하는 사람들이 발생하는 구조는 어떻게 이루어져 있는가?

현재 우리나라의 사회복지 제도는 공공 부조, 사회보험, 사회수당 등 소득 보장 수단들이 도입되어 있으나, 실제 혜택을 받는 대상자 수와 급여 수준이 적절하지 못하여 본래의 기능을 다하지 못하고 있다. 현재의 사회복지 제도는 주로 저소득계층 위주의 잔여적 제도의 성격을 강하게 지니고 있다. 4대 사회보험이 가동되고 있기는 하지만 우리나라의 사회복지 제도에서는 자영업자나 비정규직 등 주변 계층은 사회보험의 사각지대에 놓여 있어 결과적으로는 〈표 12〉의 음영 처리된 부분처럼 광범위한 사각지대가 있다. 아예 소득이 부족하여 공공 부조의 대상이 되거나, 중산층 이상의 상위 계층인 자들은 오히려 다행이다. 문제는 차상위 계층이거나 그와 유사하지만 국가와 사회로부터 별 지지를 받지 못하거나 중산층이었지만 갑작스런 실업이나 파산에 의해 벼랑 끝 계층으로 전락한 이들이다.

우리나라가 이들 벼랑 끝 계층에 대한 별다른 지지 대책을 가지고 있지 않다는 것은 〈표 13〉처럼 가족 지지 정책°에 투여되는 사회 지출이 지극히 미미하다는 점에서도 입증된다. OECD 국가들은 GDP 중에서 평균적으로 2.4%를 가족 지지 정책에 대한 재원으로 사용하는데 우리나라는 겨우 0.2% 수준에 불과하다는 것을 그림을 통해 알 수 있다. 특히 우리나라는 그마저 현금 급여나 세제 혜택은 거의 없고 약간의 서비스 급여만이 있는 것으로 나타나 미국이나 일본을 제외한 여타의 OECD 선진 국가들과 크게 대조된다고 하겠다.

대한민국에서는 가족에 대한 사회적 지지가 매우 취약한 가운데 이미 전통적인 가족 내 부양 기능이 급속히 저하됨으로써 가족이란 울타리가 자살의 방지망이 되지 못하고 오히려 자살에 이르는 통로 역할을 하는 불행한 모습이 빈발하고 있는 것이다.

이렇듯 만연하는 사회적 타살을 줄이는 방법은 결국 세 가지 지

〈표 13〉 GDP에서 가족에 대한 사회 지출이 차지하는 비중(%)

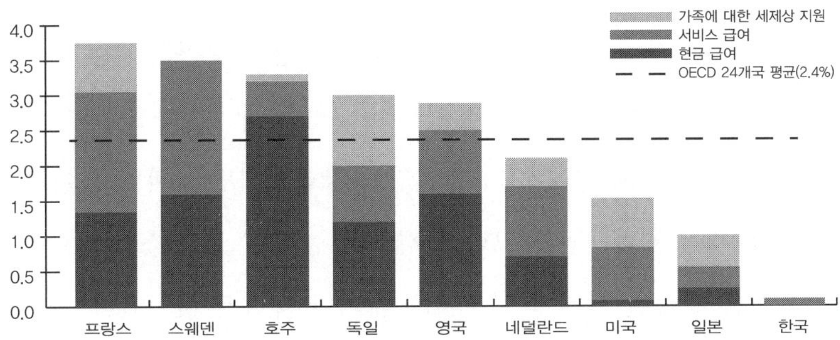

- 주: OECD 24개국 평균에서 그리스, 헝가리, 룩셈부르크, 스위스 등은 세제상 지원 통계가 없어 배제됨
- 자료: OECD(2007), Social Expenditure database(www.oecd.org/els/social/expenditure)

지망으로 압축된다. 우선 개인의 심리적, 정서적 자기 지지망을 강건하게 만드는 일이다. 자살의 문턱으로 밀려 나와도 스스로 자살이란 문턱을 넘지 않을 수 있는 자기 지지망을 갖추도록 해야 한다.

두 번째는 지역사회 지지망이다. 공공과 민간에서 지역사회 내의 그물망을 치밀하게 만들어 벼랑 끝 계층이 가장 가까운 타인들의 존재감을 느낌으로써 고립감, 절망감, 우울증을 벗어나도록 하며, 경우에 따라서는 경제적인 어려움까지도 해결할 수 있도록 해야 한다.

그러나 무엇보다도 세 번째 지지망인 국가 지지망이 중요치 않을 수 없다. 위에서 보았던 사각지대를 좁히고 부실한 가족 지원책을 복구하는 대대적인 노력이 무엇보다도 사회적 타살 공화국을 벗어나는 강력한 기반이 된다.

그간 우리 사회는 정신 치료 전문가와 상담 전문가의 손에만 자살 시도자들의 문제를 맡긴 채 사실상 그들을 방치했다고 할 수 있다. 이들 전문가에 의해 자기 지지망이 강화되기만을 바란 것이다. 그러나 이러한 접근법은 그나마 경제적 능력이 있고 스스로 이들 전문가를 찾아갈 의지가 있는 이들에게만 국한된 것이었다. 경제적 능력이 없고 스스로 해결책을 모색할 의지가 없는 계층에 대한 국가의 제도적인 대응책은 미미하기만 하다. 따라서 특단의 대책을 수립하지 않는다면 우리나라가 '자살 공화국'의 오명을 벗어나기는 힘들 것 같다.

8. 1/4 vs. 1/16

A 의원=우선 미래에 대비한 성장 잠재력 확충이다. 신성장 동력 산업을 지원하고 차세대 수출 산업 육성도 꾀해야 한다. 결국은 성장이 돼야 세수도 늘어나는 것 아닌가. 또 서민에게 희망을 주는 예산을 짜야 한다. 경기회복이 본격화되고 있지 않기에 많은 국민이 상당히 어렵다. 저출산 고령화 시대를 맞아 어려움을 겪는 서민이 많다. 하지만 재정 건전성이 과제로 남는다. 예산 누수를 막아야 한다.

B 의원=이명박 식 4대강 사업이 아니라 진짜 강 살리는 대안을 마련하자. 4대강 사업에 희생된 서민 예산을 되살리자. 어르신·대학 등록금·중소기업 예산을 살려야 한다. 또 위기에 놓인 지방 재정을 위한 특단의 대책을 마련해야 한다. 소득세와 법인세 감면은 철회하고 재정 건전성을 확충해야 한다. 특수 활동비 등 불요불급한 세출은 삭감해야 한다.

-『서울경제』 2010. 11. 1 대담 기사 중에서

복지를 논하다 보면 언제나 재정의 문제가 제기된다. 여기에는 두 가지의 장막이 작용한다.

첫째 장막은, 복지는 스스로 부가가치를 창출할 수 없기 때문에 재원을 투여하는 데에는 한계가 있다는 인식이다. 그러나 생각해 보면, 국가가 행하는 사업 어느 것도 재정 동원의 문제가 적용되지 않는 것은 없다. 어차피 국가의 모든 사업이, 국방의 경우도, 도로의 건설도, 단체의 지원도 모두 재정의 제약에 놓이는 것은 매한가지이다. 문제는 정부 재정의 투여가 얼마나 생산적이냐를 따질 때 '생산적'의 기준을 명목적인 부가가치 생산으로만 전제하는 것에 있다. 그렇기에 복지가 직접적으로 부가가치를 생산하기 어렵다고 판단하고 이에 대한 재정 투여를 비생산적이라고 규정하는 장막을 거두는 일이야말로 복지국가로 가기 위한 중요한 과제가 된다.

그러나 좀 더 결정적인 것은 두 번째 장막이다. 재정 자체가 유한하기 때문에 절대적인 한계가 있다는 이 인식은 한편으로는 유효하고 다른 한편으로는 유효하지 않다고 말해야 한다. 분명히 정부 재정이 화수분이 아니기 때문에 항상 적절한 또는 최대한의 정부 수입 규모가 있다는 점에서는 전자가 맞는 이야기지만, 바로 그 국가의 경제 수준과 과세 방식에 따라 현재의 재정 규모가 상대적으로 늘어날 수도, 줄어들 수도 있다는 점에서는 후자가 유효하다.

우리나라에서도 최근 복지국가 논쟁이 일어나면서 '과연 재정 사정이 허락하는가.'를 둘러싸고 복지 포퓰리즘인가 아닌가 하는 논쟁이 확대되었다. 그렇다면 과연 우리나라는 복지국가를 위한 재원 조달이 어디까지 가능한 것일까? 과연 가능하기는 한 것일까?

우선 한 국가의 재정 규모는 어디까지 가능한가부터 생각해보자. 조세와 사회보장 기여금을 합쳐 국민부담금이라 부르는데 이를 국가의 재정이라고 할 때, 서구 복지국가 중에서 상위에 속하는 나라들은 그것이 GDP에서 차지하는 비중(이를 국민부담률이라 부름)이 50%에 육박한다. 스웨덴이 대표적이어서 2006년 기준으로 49.1%이고 프랑스 44.2%, 핀란드 43.5% 등이다. 더군다나 수입이 아니라 정부에 의해 지출되는 액수 전체가 GDP에서 차지하는 비중을 보면 이는 50%를 훨씬 넘게 된다. 즉 2010년 기준으로 스웨덴이 56.0%, 프랑스 55.9%, 핀란드 55.7% 등이다. 그러나 우리나라의 국민부담률은 2006년 기준 26.8%에 불과하다. 대체적으로 볼 때 높은 수준의 복지국가는 GDP의 1/2을 국가재정으로 하고 있는 데에 비하여 한국은 GDP의 1/4 수준을 국가재정으로 하고 있다고 표현할 수 있다. 한국의 국가 규모는 적어도 재정 측면에서 볼 때 매우 왜소한 상태인 셈이다.

국가의 재정 중 복지로 지출하고 있는 재원은 얼마나 될까? 서구 선진국의 경우 대개 50%를 상회한다. 2002년의 통계에서 이미 스웨덴은 정부 총지출 중 복지 분야 비중이 53.5%였고, 프랑스는 더 많아 63.5%, 독일은 59.4%에 달했다. 이에 비해 한국은 오랫동안 경제개발이 가장 높은 비중을 차지하다가 2000년대 중반에 와서야 복지 지출이 이를 추월하여 25%대를 확보하였고 2010년 현재 27.7%를 기록하고 있다. 이를 보면 높은 수준의 선진 복지국가들은 대개 국가의 재정 가운데 1/2을 복지로, 대한민국은 1/4을 복지로 지출하고 있다고 표현할 수 있다. 대한민국은 국가의 재정 규모도 작지만 결국 그중에서 복지로 지출하는 비율도 작다고 할 것이다.

이를 종합하여 이해해보면, 한 나라의 GDP 총규모를 100이라 할 때, 높은 수준의 복지국가는 그중 1/2을 국가재정으로 삼고, 다시 그중 1/2을 복지 지출로 사용하므로 결국 1/4, 즉 GDP 총액의 25% 정도를 복지로 쓰고 있는 것이다. 이에 비해 한국은 GDP의 1/4을 국가재정으로, 그중 1/4을 복지로 지출하므로 전체적으로는 GDP의 1/16, 즉 7~8% 정도를 복지로 쓰고 있는 것이다. 이를 그림으로 나타내면 〈표 14〉와 같다.

〈표 14〉 서구 복지국가와 한국의 복지 지출 규모

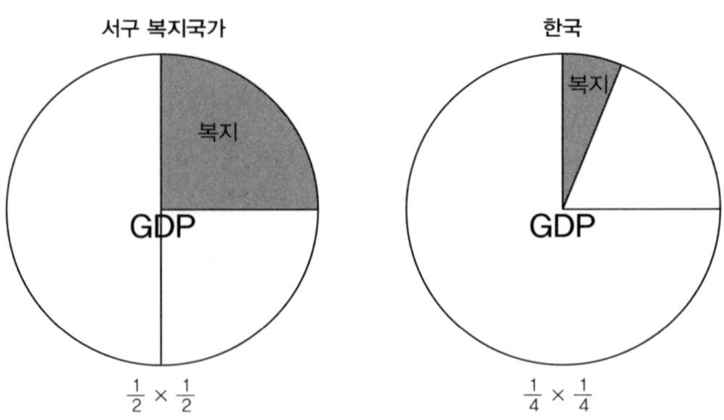

실제 OECD가 발표한 국가별 복지 지출비 수준을 보면 〈표 15〉와 같다. 2007년 현재 스웨덴이 GDP의 27.7%, 프랑스가 28.7%, 독일이 26.2%를 보여주고 있다.

따라서 단순하게 말하여 OECD 국가들의 평균적인 수준을 고려, 한국도 2010년 경상 GDP 규모 1,173조 원의 10% 정도인 약 117조 원을 복지 재정으로 추가할 수 있다는 의미가 된다.

그러나 이것은 경제력 규모를 생각하지 않는다는 비난에 직면할 수 있는데, 그렇다면 우리나라와 경제력 규모가 비슷한 다른 나라들은 어느 정도를 복지 지출로 투여하고 있는가? 우리나라의 1인당 GDP 수준이 2만 불이라면 OECD 국가 중 가장 유사한 나라가 포르투갈(2009년 현재 2만 1,970불)과 체코(2009년 현재 1만 8,256

〈표 15〉 OECD 국가들의 사회 지출 추이(% of GDP)

국가	2000	2001	2002	2003	2004	2005	2006	2007
프랑스	28.0	28.1	28.7	29.3	29.4	29.3	29.0	28.7
독일	27.9	28.0	28.6	28.9	28.3	28.4	27.2	26.2
스웨덴	29.0	29.3	29.9	30.7	30.0	29.5	28.8	27.7
한국	5.5	5.8	5.6	5.9	6.6	7.0	7.9	8.1
OECD 평균	19.5	19.9	20.3	20.7	20.5	20.4	20.1	19.8

- 주: 사회 지출은 공공 지출과 법정 민간 지출을 합한 것임
- 자료: OECD(2011), Social Expenditure-Aggregated data(http://www.oecd.org)

불)인데 포르투갈과 체코의 GDP 대비 사회복지 지출 비율은 각각 22.5%, 18.8%로 우리나라의 8.1%에 비하면 2.3~2.8배 정도임을 알 수 있다. 특히 우리나라보다 경제력 규모가 훨씬 낮은 터키(8,711불)의 사회복지 지출 비율 10.5%, 폴란드(1만 1,302불)의 20%, 헝가리(1만 2,914불)의 23.1%와 비교해보면 우리나라의 복지 수준이 얼마나 낮은지를 쉽게 알 수 있다. 오직 OECD 국가 중에서는 멕시코(8,134불)만 7.2%여서 우리보다 낮은 상태이다.

선진 국가들이 경제 발전 과정에서 1인당 GDP 2만 불 시대를 맞이하였을 때는 어떠하였을까? 답은 마찬가지이다. 1988년 미국이 2만 불 시대에 도달하였는데 14.1%, 같은 해 스웨덴도 2만 불 시대였는데 이미 32.2%, 1990년 독일 29.6%, 1996년 영국 22.8% 등으로 기록되고 있어 더 심한 격차를 확인할 뿐이다.

그렇다면 총론적으로는 우리나라의 경우 현재보다도 훨씬 더 과감하게 복지 재정을 확보하는 것이 보편타당하지 않은 것은 아니라고 생각할 수 있겠는데, 그럼 각론 수준에서는 어떠한 구체적인 방법이 있겠는가라는 의문이 생기게 된다. 당장 정부 사업을 모두 중단하고 복지사업으로 돌릴 수 있는 것도 아니라고 할 때 실현 가능한 구체적인 방법을 찾는 것은 충분히 타당한 발상이다. 여기에서 대규모로 세율을 높여 갑자기 세금을 더 걷어야 하는 것이 아닌가 하는 우려도 나오게 된다.

결국 정부의 재정 규모가 더 커져야 한다는 측면에서는 증세가 불가피하다는 것은 타당하다. 그러나 그것이 그리 두려운 현실은 아니다. 정부의 역할이 복지를 통해 국민 생활에 안정성을 부여함으로써 누구나가 기본권을 향유할 수 있도록 하며, 사회 통합과 일자리 창출, 궁극적으로 경제성장에도 기여한다면 재정 규모의 확대를 무조건적으로 비난하는 것은 타당하지 않다는 것부터 인정해야 한다.

그러고 나면 국민에게 부담을 크게 주지 않으면서 복지 재원을 확보할 수 있는 길들이 보이기 시작한다.

가장 먼저 거론할 수 있는 것은 지하경제의 양성화이다. '소득 있는 곳에 과세 있다.'는 조세의 제일 원칙에 비추어보았을 때 과세 기반의 불투명성을 말하는 지하경제는 독버섯 같은 존재이다. 우리나라의 지하경제 규모를 여전히 GDP의 20% 내외로 추정하는 연구가 많다. 그렇다면 꾸준히 소득파악률을 높여 지하경제를 줄이면서 자연스럽게 늘어나는 세수를 복지 지출에 우선적으로 투여하는 것이 바람직스러운 정책으로 거론될 수 있다.

다음으로는 상대적으로 조세 부담 능력이 있는 상위 계층에게 조세 부담을 높이는 정책이다. 소위 부유세나 사치세로 불리는 것인데, 여기에도 여러 가지 구체적인 방법이 있다. 현재 우리나라는 소득세의 최고 세율 적용 구간이 8,800만 원 이상이지만, 이를 1억 3,000만 원 정도로 높이고 최고 세율을 더 높여 부과하는 방법이라든지, 아니면 일정 소득 이상의 계층에게는 소득세율을 추가적으로 인상하여 더 많은 세금을 내도록 하는 방법이 있다. 아니면 금융자산으로부터 얻은 소득이 종합하여 4,000만 원 이상일 때 추가적인 종합과세를 하는 현재 제도를 바꾸어 이를 3,000만 원 이상으로 수정하는 방식도 가능하다. 또한 상장 주식의 양도 차익에서 일어나는 수익에도 세금을 부과한다든지, 상속이나 증여의 경우 더 높은 세율을 적용하는 방식 등도 가능하다. 또한 간접세이긴 하지만 부유 계층들이 선호하는 사치 품목에 대해 높은 부가가치세를 부여하는 방식도 가능하다. 또한 법인 이윤의 규모가 상당한 기업들에 대해 법인세율을 높게 부과하는 방법도 가능하다. 이렇게 하면 얼마의 재원이 확보된다는 것인가? 국회의원 조승수는 소득세를 월 소득 400만 원 이상인 상위 10%에 대하여 현재 세율보다 15% 내지 30% 정도 더 추가하고, 법인세를 연간 이윤이 100억 이상인 상위 1% 기업에 대하여 같은 비율로 추가하고, 상속세와 증여세는 30%씩 더 추가한다면 15조 원의 세원이 확보된다고 제시한 바 있다. 그는 이를 사회복지세로 명명하고 다양한 복지사업으로만 쓸 수 있도록 일종의 목적세로 활용하자고 제안하기도 했다.

또 다른 방법 중에는 현재의 다양한 조세 감면 대상을 재정리하여 불필요한 경우 조세 감면 자격을 철회하는 것이다. 2009년 현재 소득세로 거두어들일 세액 중에 46.8%를 감면해주고 있는 상태이며, 법인세의 20.8%도 역시 감면 대상이다. GDP의 2.9%(31조 원)에 이르는 세액이 감면 대상으로 수입으로 잡히지 않고 있는 것이다. 따라서 이익집단들의 집착에 의해 지속되고 있는 감면 제도의 1/3만 제자리로 돌려도 적어도 10조 원 정도의 재원은 확보될 것으로 예상된다.

그리고 좀 더 보편적인 증세이기는 하지만 그 용도가 분명한 경우로서 사회보험의 보험료를 인상하는 방법도 가능하다. 가장 두드러진 방법으로서 건강보험의 보험료 인상이 좋은 예이다. 건강보험의 경우 현재 건강보험 재정에서 담당하고 있는 몫이 의료비의 60% 정도인데 이를 90% 이상으로 끌어올려 건강보험만으로 웬만한 질병은 부담 없이 치료할 수 있도록 하고 이에 필요한 재원을 보험료 인상을 통해 확보하는 방법이다. 일반적으로 자신이 낸 보험료 총액의 60~70% 정도만을 실제 보험 지급금으로 돌려받고 있는 것으로 추정되는 민간 보험에 가입하여 부담하는 보험료를 공적 제도이기에 100% 이상을 돌려받게 되는 건강보험의 보험료로 돌리기만 해도 실제 추가 부담 없이 문제를 해결할 수 있다. 국민연금도 마찬가지이다. 각종 민간 연금보험 상품에 들어가는 비용의 일부를 국민연금보험료 인상으로 전환한다면, 현재 자신의 소득의 9%를 보험료로 내어 40년 가입자이면서 평균 수준의 소득자가 생애소득의 40%를 연금으로 받게 되어 있는 것을 더 상향 조정할 여지는 얼마든지 있다.

이런 방식들이 복합적으로 고려된다면, 우리 사회의 불안 구조를 해소하고 보편적인 복지 제도로서 도입이 절실한 무상보육이나 건강보험의 보장성 강화, 기초노령연금의 확대 등에 필요한 재원을 확보하는 것이 비현실적이라거나 불가능하다고 주장하는 사람들은 그 정당성을 인정받기 힘들 것이다.

결국 복지국가로의 진전에 걸림돌이 되는 것은 재원이 아니라 국민의 동의와 정치적 결단에 있다 할 것이다.

9. 식코SICKO인가? 멕시코인가?

이명박 대통령은 지난 22일 "우리가 복지국가라 해도 과언이 아닐 정도의 수준에 들어서고 있다."고 자평했다. 하지만 재정부는 자료에서 "오이시디 기준 공공복지 지출이 2007년 우리는 지디피의 7.5%(2010년 추계 8.9%), 오이시디 평균은 19.3%로, 우리가 복지 지출이 아직 낮은 것은 사실"이라고 인정했다. 재정부는 이어 "하지만 우리나라와 선진국의 복지 규모를 단순 비교하는 것은 어린이와 어른의 체중을 비교하면서 어린이 몸무게가 적다고 하는 것과 같다."고 말했다. 복지에 있어 우리는 '어린이' 수준이라는 의미다.

-『한겨레신문』 2010. 12. 27 기사 중에서

사회복지란, 사회 구성원들의 행복한 삶을 각자의 노력이 아니라 사회적 차원에서 보장하려고 하는 집단적인 노력을 말한다. 주지하다시피 서구 선진국에서는 이러한 집단적 노력이 자본주의가 지닌 역동성과 효율성을 크게 침해하지도 않으며 오히려 자본주의가 경제적, 사회적 성과를 거두는 데 필수적이란 인식이 상당히 정착된 상태이다. 이들 국가는 대부분 국가 경제가 1년 동안 생산해 낸 GDP 중에서 거의 절반을 공적 재원으로 내놓고, 다시 그것의 반을 복지 비용으로 지출하고 있다.

그러나 우리나라에서만큼은 사회복지의 정당성과 당위성에 대한 인식의 토대가 미약하다. IMF 경제위기 이후 본격적으로 국가 복지 영역이 궤도에 오르기 시작했다고는 하나 이는 신자유주의적 경제정책을 수행하기 위한 보완 작업의 성격이 짙었고 그렇기에 2000년대에 악화되는 사회 양극화를 극복할 만한 힘을 전혀 가지지 못한 것으로 평가된다. 앞 장의 〈표 15〉에서 보았듯이 당장 OECD 국가들의 GDP 대비 사회복지비의 비중이 평균 19.8%(2007년 기준)인 데 비하여 우리나라의 경우는 8.1%에 그치고 있다는 엄연한 사실이 이를 뒷받침한다.

그렇기에 적어도 복지가 성장의 토대이자 목적이라는 선진적인 명제하에서 보자면 1998년 IMF 체제에서 10년이 흐른 2008년 체제의 시대정신은 '복지국가로의 안착'이었고, 이는 이명박 정부가 지닌 시대적 과제였다. 성장과 분배의 이분법적 대립 구도에 대한 인식을 벗고, 아동 양육과 교육, 의료, 노후, 주거 등에 이르는 국민생활의 필수 부분을 국가와 공공의 책임 영역으로 설정함으로써 개별 국민들을 시장과 경쟁의 야만성에서 보호하는 정책을 펴는 것이 그 구체적인 과업이었다.

그러나 보수 정치인들과 경제 관료, 그리고 우리 사회 내 보수적 지식인들이 갖고 있는 복지에 대한 생각은 매우 일천하다. 이들의 생각을 몇 가지로 정리해보면 다음과 같다.

첫 번째가 '2050년 복지 지출 자동 성숙론'이다. 이미 김대중 정부 들어 복지 제도의 발전에 불을 당길 때부터 주로 한국개발연구원(KDI) 등 경제 연구소에서 등장한 논거인데, 핵심은 현재의 고령화 속도와 다양한 제도 도입 정도를 놓고 볼 때 2050년경 자동적으로 OECD 국가들의 GDP상 사회 지출비 비중 평균치인 20%대에 진입하게 된다는 것이다. 이는 단순한 전망이 아니라 복지 제도를 획기적으로 발전시켜야 한다는 주장을 하는 진영에 대해 재갈을 물리려는 목적을 지니고 있음을 부정하기 어렵다. 그러나 이 주장의 문제점을 분석해보면 우선 지금으로부터 물경 40년 뒤에 한국 국민의 삶의 수준을 겨우 OECD 평균 수준에 맞추겠다는 인식 자체가 매우 천박하다고 할 것이다. 다음으로 장기 재정 추계 과정에서 무수히 등장하는 추정 변수들, 예컨대 GDP 증가율, 경제활동 참가율, 물가 상승률, 인구 증가율, 빈곤율, 기대 수명률, 재정 증가율…… 등을 무슨 근거로 어떻게 대입하였는지 그리고 이에 대한 정확성을 어떻게 담보할 수 있는지에 대한 명확한 근거 없이 단순한 주장을 하고 있는 데 또한 문제가 있다고 할 것이다. 더군다나 의료의 보장성 수준, 빈곤 인구의 수혜 정도, 사회 서비스 충족률, 탈상품화율 등 OECD 평균 수준에 비해 한참을 모자라는 상황은 경시한 채 오로지 노인 인구의 급속한 증가라는 미래의 재앙적 요소만을 걱정해야 한다는 주장은 전문가의 권위를 빌려 대중을 겁박하는 행위가 아닐 수 없다.

둘째는 '성인과 유아 단순 비교 불가론'이다. 이는 기획재정부와 같은 부처의 경제 관료들이 많이 설파하는 논리로서, 현재의 선진국들은 이미 경제 수준과 복지 수준이 성인 단계에 있고 우리나라는 유아 단계에서 성인으로 가고 있는 과정인데 성급하게 양자를 비교하는 것이 무리라는 주장이다. 그러나 이런 시각에서 보면 우리나라는 말하자면 발달 지체 아동이라 할 수 있다. 선진국이 1인당 GDP 1만 불 시대, 2만 불 시대에 지출했던 복지비의 비중과 비교했을 때 턱없이 부족한 우리나라의 복지비 비중을 생각하면 유아가 시간이 지나면 의당 성인이 될 것이란 단순한 논리는 전혀 진단이 잘못된 것이다. 발달이 지체된 아동에 대해 정확히 지체의 원인을 찾아내고 이에 걸맞은 치료에 들어가지 않는다면 안 될 일이 아닌가?

셋째는 '한국의 복지국가 기旣진입론'이다. 한국이 복지국가의 초기 단계에 진입했다는 것은 대체적으로 학계에서 인정되는 설說이란 점에서 일면 수용의 여지가 있다. 그러나 이것이 한국의 복지 수준을 진입 단계에서 확대 단계를 거쳐 성숙 단계로 빠르게 유도

해야 한다는 논리의 축이 아니라 '이 정도면 되었기'에 속도를 조절하는 것은 물론 선진국이 걱정하는 복지병을 우리도 염려해야 한다는 논리의 기반으로 삼는 것에는 동의하기 어렵다.

네 번째는 '보편적 복지의 포퓰리즘적 망국론'이다. 이것은 복지의 보수 담론 중 가장 정치성이 짙은 주장에 속하는 것이니만큼 그 근거도 터무니없다. 이 주장은 보편적 복지와 선별적 복지가 이분법적으로 명확히 구분된다기보다는 일련의 연속선상에서 이해되어야 한다는 사실과 보편적 복지는 결코 누구에게나 공짜로 복지 급여를 퍼주자는 것이 아니라는 사실을 완전히 묵살한다. 보편적 복지가 인간이 지닌 신성한 사회권에 기초하고 진정으로 사회 통합에 기여하며 전 국민의 안정적 삶을 지탱해줄 수 있는 선진적 제도이며 이미 복지 선진국에서 합리적으로 받아들여지고 발전되어 온 제도라는 사실도 무시한다. 그렇기에 '보편적 복지가 포퓰리즘적 망국론이다.'라는 주장이야말로 포퓰리즘적이며 망국적이라고 아니할 수 없다.

이러한 보수적 입장의 복지 정책에 깃들어 있는 핵심적인 기조를 살펴보면 다음과 같은 우려를 하지 않을 수 없다.

먼저, 복지 재정의 확대보다는 복지 재정의 효율화를 더욱 강조하고 있는 점이다. 무엇보다도 이명박 정부의 복지 정책이 지닌 취약성을 그대로 보여주는 것은 재정 확보 방식에 있다. 전체적으로 세수의 감소와 토목 사업에 대한 재정지출이 복지 지출의 증대에 족쇄 역할을 하고 있기 때문에 재정 효율화의 관점이 실질적으로는 지지될 수밖에 없다. 따라서 복지 제도 확대를 위해 복지 재정의 대담한 확충이 반드시 필요한 점, 더군다나 OECD 선진 국가에 비해 현격한 차이를 여전히 보이고 있는 한국의 복지 재정이 상당히 왜소하다는 점을 생각할 때 복지 재정의 정체 내지는 소극적 운영은 한국 복지 제도 발전의 지체로 직결될 것이다.

둘째는 복지 부문의 공공적 성격에 초점을 맞추기보다는 시장과 경쟁의 원리를 더욱 강조하고 있는 점이다. 이명박 정부하에서는 그간 복지 부문에서 요구해왔던 공공성의 원칙이 상당 정도 훼손되거나 퇴보할 수밖에 없을 것으로 전망된다. 특히 보건 의료 부문에서 영리병원의 도입 등 시장을 통한 영리화, 경쟁을 통한 효율화의 논리가 거세게 추구되고 있으며, 아이사랑카드°와 같은 보육 바우처°의 도입, 자활 부문의 영리기업 진입 허용, 구매계약제°를 통한 복지 서비스의 시장화 등을 통해 복지 분야에서도 이런 원리가 적용되고 있다. '시장화=산업 발전', '경쟁화=효율화'의 등식을 경직적으로 복지 부문에 적용시키며 영리기업이나 개인까지도 허용하는 상황이 심화된다면 복지 부문의 공공성 약화가 가져올 부메랑효과가 염려되지 않을 수 없다. 더군다나 전체 복지 서비스 공급 기관 중 민간이 운영하는 비율은 과도한 수준이다. 의료 기관의 95%, 영유아 보육 시설의 90% 정도를 민간이 운영하고 있으며, 대다수 사회복지 서비스 시설도 위탁의 형태를 띠고 민간 법인이 운영하는 형태이다. 여기에 영리기관에 대해 문호가 더욱 개방된다면 민간의 과잉 현상이 몰고 올 부작용은 심각한 수준이 될 것이다.

셋째, 보편적 복지보다는 기초 생계 보전 위주의 잔여적 성격의 복지를 추구하는 경향이 드러나고 있다. 이명박 정부는 빈곤층은 국가책임으로, 그 이상의 계층은 개인의 자조 능력과 능력 신장을 촉진하는 방향으로 복지 정책의 기본 방향을 설정한 것이 명확하다. 이는 이명박 정부의 전반적인 정책 기조가 성장 중심이며, 재정 제약의 상황을 매우 의식하기에 당연히 선택하게 되는 결과라고 볼 수 있다. 따라서 보편적 복지를 통해 사회적 임금 수준을 향상시키고 이를 통해 신·구사회적 위험에 대해 능동적으로 대처해야 한다는 주장과는 거리가 멀 수밖에 없다.

따라서 이명박 정부하에서는 한국의 복지 제도가 민간 중심, 경쟁과 효율 중심, 잔여주의적 성격, 재정 효율성 등을 핵심 기조로 해서 운영된다는 점에서 공공성과 국가책임이 약화되는 복지국가의 기반이 형성될 여지가 많다.

이러한 기조가 계속 유지된다면 우리나라는 결국 복지국가의 기조로 앵글로-색슨류, 그중에서도 정확히 말하면 미국형의 복지 체제를 지향하게 된다는 점에서 매우 불행한 행로를 걷게 될 것이다. 미국의 상대적으로 저열한 복지 체제는 마이클 무어Michael Moore 감독이 미국 의료보험의 잔인한 현실을 그려낸 〈식코SICKO〉를 통해 알 수 있다. 그러나 자유무역협정(FTA)의 적극적 체결을 통해 강력한 대외 개방정책을 추구하면서 이로 인해 불가피하게 야기되는 양극화 현상을 누그러뜨릴 최소한의 복지 안전망 구축을 게을리한다면 한국 복지국가의 미래는 멕시코Mexico와 같은 유형으로 수렴된다고 할 수 있다. 특히 멕시코는 이미 1990년대 초반 미국, 캐나다 등과 북미자유무역협정(NAFTA)을 맺어 완전 대외 개방경제를 표방했지만 복지 수준은 OECD 최저 수준으로 취약하여 오늘날 극심한 사회 양극화와 불안정한 경제를 특징으로 하고 있다고 평가되는 나라이다.

식코냐 멕시코냐? 이 두 길 중에 어느 한 길이 한국 복지국가의

왼쪽은 미국의 민영 의료보험의 잔인한 실상을 적나라하게 고발한 마이클 무어 감독의 영화 〈식코〉 포스터. 오른쪽은 전형적인 양극화 사회인 멕시코의 대도시 슬럼가 모습.

미래라고 체념할 수는 없다. 결국 적극적이고 역동적인 복지국가, 보편주의에 입각하여 인간의 존엄성이 시민의 권리로서 향유되는 복지국가가 우리가 택해야 할 종국적인 복지국가의 미래라는 확고한 인식이 중요한 때이다.

제 3 부

한국 사회의 미래, 복지가 해답이다

1. 이제는 복지국가다!

> 성장이냐 분배냐 하는 논쟁이 가끔 벌어지긴 하지만 객관적으로 논의되기보다는 다분히 이념적·감정적으로 흘러 논의다운 논의가 되지 못하는 경우가 많다. 또 어떤 논자는 성장-분배 자체를 불필요하고 무의미한 시간 낭비 정도로 치부해버리기도 하는데, 이런 사람들은 분배 문제의 중요성 자체를 인정하지 않으려는 경우가 많다. 성장-분배 문제는 결코 피해갈 수 없으며, 결코 사소한 문제가 아니다. 사실 우리가 살아가는 데 이만큼 중요한 문제가 또 어디 있으랴.
>
> – 이정우, 『불평등의 경제학』(2010) 중에서

21세기에 접어든 현재 한국 사회는 하나의 망령에 사로잡혀 있다. 세계화와 신자유주의라는 망령이 그것이다. 시장의 경쟁 메커니즘이 일국의 경제권을 넘어 세계경제 차원에서 가장 효율적이며 우월한 성과를 낸다고 일방적으로 강요하는 이 맹신은, 노동을 제외한 모든 상품과 모든 자본의 자유 이동을 허하라고 압박하고 있다. 그리하여 초국적 자본의 이해가 전 세계 구석구석을 지배하고 있고 마침내 대한민국을 10대 90의 사회로, 승자 독식의 사회로, 패자 부활이 불가능한 철저한 양육강식의 사회로 초토화시키고 있다. 진보의 역사가 정지되고 오로지 정글 속에서 '만인을 위한 만인의 투쟁'이라는 생존 방식만이 더욱 활개를 치고 있는 것이다.

이미 한국 사회가 더 이상 지속 가능한 사회가 아님을 보여주는 징후는 너무도 다양하게 우리 주변에서 발견된다. 세계 최저에 버금가는 출산율로 인해 2020년대 중반부터는 한국 사회가 급속한 인구 감소 사회가 되며, 반대로 세계에서 가장 빠른 속도로 노령국가를 향해 치닫고 있다는 불편한 진실은 그중 극히 일부에 해당한다.

노동자들 가운데 반수는 비정규직으로 살아가면서 불안정한 신분과 저임금의 틀을 벗지 못한다. 물론 정규직 노동자라 하여도 해고의 불안은 상시적으로 엄습하는 일상이 되고 있으며, 열위劣位에 있는 노동자의 지위를 벗어나기 위한 단결권마저 제대로 행사하기 어려운 현실에 놓여 있기도 하다. 취업 인구의 30%를 넘는 자영업자들은 가히 '자영업의 천국' 안에서 결국 정상 이윤조차 확보하지 못하여 영세한 자영업자의 길을 거쳐 폐업과 도산, 실직, 신용 불량자, 재창업 등의 악순환을 계속하고 있다. 수출과 산업자본을 위한 저임금의 전초기지로 홀대받던 농업은 전 방위적인 FTA 체결 국면에서 이젠 더 이상 존립할 근거를 잃었으며, 농민은 이 땅에서 농민으로 살아갈 최소한의 이유를 찾지 못한 지 오래다.

또한 우리 사회는 이 땅의 미래를 책임질 젊은 청년들에게도 '88만 원 세대'라는 족쇄를 채운 채 비정규직이나 청년실업으로 인생을 시작하게 만들고 있다.

그렇다면 이 땅의 반을 차지하고 있는 여성들은 어떠한가? 아직도 가부장제적 유습으로 점철된 사회 인식과 제도 속에서 우리 사회가 여성들에게 제공하는 것은 직장에서의 '유리천장'과 비정규·저임 노동자의 길이다. 또한 여성들은 부양가족에 대한 '돌봄의 가족화'에 묶여 있다.

무엇보다도 직시해야 할 사실은, 바로 지금 이 시점이 한반도의 유구한 역사에서 가장 심각한 양극화 사회가 관철되는 시기이며, 가장 첨예하게 사회적 파열상이 드러난 위기의 시기라는 것이다. 따라서 대한민국은 이러한 위기로부터 새로운 돌파구를 열기 위해 중대한 선택을 해야 하고, 그 선택은 우선적으로 우리 사회의 운영 원리에 대한 패러다임을 변환하는 일에서부터 시작되어야 한다.

지금까지 우리 사회를 지배해온 운영 원리는 양적 경제성장을 통한 사회 발전이었고 이 과정에서 경쟁과 효율은 필수불가결한 작동 기제가 되었다. 아울러 우리 사회는 개인의 삶은 오로지 그 자신의 노력과 능력만으로 꾸려가야 한다는 각자도생各自圖生주의

〈표 16〉 중산층 비중 변화 추이(%)

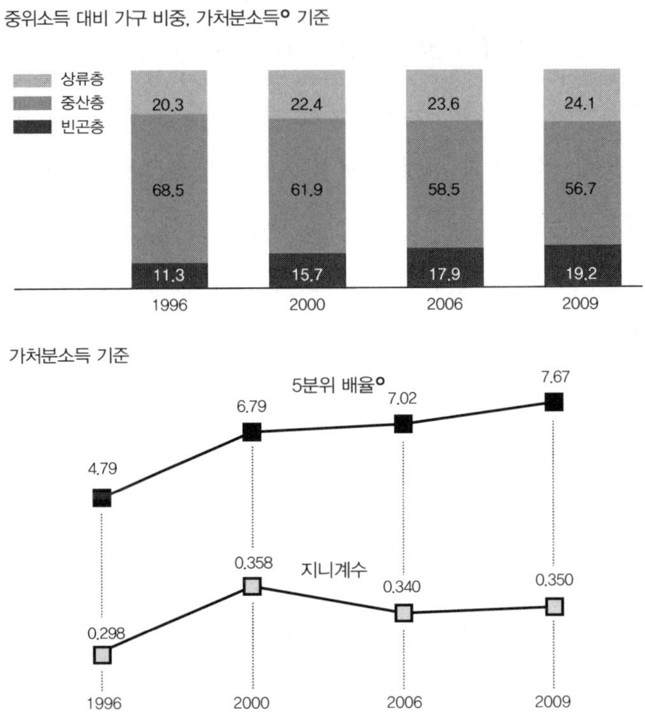

- 자료: 한국개발연구원(KDI)

에 기반하고 있었다. 좀 더 빠른 성장과 더 나은 양적 성장을 위해서는 인간 본연의 권리나 자유, 창의성, 더 나아가 공동선 등은 잠시 유보되거나 하위적인 개념으로 제약시킬 수 있다는 전제가 사회적 당위와 공감대로 인정되어온 것이다.

더군다나 독재와 비민주라는 명시적인 정치사회적 악행이 민중의 힘으로 무너진 1980년대 말 이후, 정치적 민주화의 성취에 도취한 민주화 세력은 경제적 민주화 및 사회적 민주화로의 총체적인 사회 개혁의 청사진을 구현하는 데에는 소홀하였고, 민주화라는 시대정신의 퇴장 이후 새로운 시대적 소임을 찾지 못한 우리 사회는 보수 세력은 물론이고 진보 세력을 자임한 정권까지도 세계화 추세 속에 더욱 극악해진 신자유주의적 원리를 중시하는 기조를 적극 수용하기에 이르렀다.

그리하여 대안적 패러다임에 대한 모색을 하지 못하고 스스로 세계화의 구심력에 흡수되어버렸고, 1990년대 말의 외환위기와 2008년의 세계적 금융위기에 빠지면서 과거 우리 사회가 의존했던 운영 원리를 수정할 기회를 스스로 박차버렸다.

그 결과 이미 우리 사회는 그간 결과 지상주의적인 성장 제일주의 덕분에 인간의 존엄성과 품위가 경시됨은 물론 성장에 필요한 인간의 노동력으로서의 가치까지 손상됨으로써 성장의 동력이 상실되고 성장의 한계가 극명히 노정되는 사회가 되고 말았다. 다른 한편으로는 고용 없는 성장이 어느새 정착되고 자본과 노동의 균형이 심각하게 파괴된 상태에서 자본의 이윤 창출이 곧 국부의 창출이라는 맹신이 일방적으로 굳어지고 있다. 그러나 우리 사회는 이미 지식기반사회의 특징을 지니고 있어 지식의 담지자인 사람의 가치가 더욱 중시되는 역설적 상황에 놓이게 되었다. 이에 따라 자본과 노동의 괴리는 우리 사회의 미래에 암운을 던져주는 주요한 거시적 요인이 되고 있다.

자본과 노동 간의 균형 파괴만이 아니라 자본 내에서도 마찬가지 양상이 벌어지고 있다. 재벌 및 대기업의 과도한 지배력은 중소기업과의 상생적 관계를 만드는 것이 근본적으로 불가능하다고 할 정도로 약탈적이며, 수출 기업과 내수 기업, 2·3차산업과 1차산업 등의 균형 역시 그 정도를 잃은 지 이미 오래다.

따라서 우리는 우리 사회가 추구할 성장의 목표와 방법을 새로이 하는 것에서부터 출발하여야 한다. 국가 경제의 성장은 그 구성원의 삶의 질을 향상시키고 그들의 복리를 증진시키기 위한 것임을 전제로서 명확히 확립하여야 한다. '성장을 위한 성장', '인간을 경시하는 성장'을 거부하면서 '복지를 동반한 성장', '인간의 얼굴을 한 성장'을 내걸어야 한다. 그리하여 분야 간 지나친 불균등성이나 양극화의 확대를 제어하며, 분배적 정의를 경시하지 않는 성장의 대가에 대한 공유가 필요하다.

누구나 노동을 통해 자아실현을 하고 사회적 기여도를 찾는 것은 물론 자신과 가족 구성원의 삶을 책임질 수 있다는 안도감이 현실에서 구현되어야 한다. 그리고 자신의 생활을 유지하기 위해 스스로 주체적 노력을 아끼지 않는다 해도 우리 사회의 경제사회적 구조가 개인이 감당할 수 없는 위기 상황을 항상 초래할 수 있다는 인식에 기초하여 교육, 육아, 의료, 주거, 노후에 대한 사회적 담보장치가 구축될 수 있도록 해야 한다.

이렇듯 우리 사회는 1차적인 생산과정에 사회 구성원 모두가 참여하여 자신의 욕구를 충족시킬 수 있는 적절한 조건을 확보하도록 하되, 교육, 의료, 주거, 문화, 사회복지, 환경 등에 걸쳐 다양한 사회정책을 발동하여 좀 더 안정적이고 높은 삶의 질을 확보하게 해야 한다. 그리고 이러한 사회정책이 경제성장에 있어서도, 그리고 나아가 사회 발전에 있어서도 혁신적 동력이 되도록 국가의 운영 원리를 수정해야 한다.

우리는 이러한 국가 운영의 원리가 구현된 사회를 '보편주의적 복지국가'라고 명명하게 된다. 이러한 보편주의적 복지국가에서는 대한민국헌법이 보장한 대로 모든 국민의 인간다운 생활이 보장되며 복지는 더 좋은 경제의 동반자가 된다. 기업의 생산과 노동자의 인간다운 생활이 함께 가게 되며 성장 없는 분배도, 분배 없는 성장도 결코 용납되지 않는다. 좋은 일자리를 민간에서뿐만 아니라 공공의 영역에서도 창출해내며 근로 빈곤은 원천적으로 성립하지 않게 된다. 여성들에게도 돌봄노동°의 사회화와 사회참여 기회의 확대로 일과 가정의 양립이 보장되며, 그리하여 양성평등의 사회가 진정으로 구현되게 된다. 빈부의 차가 극심하게 드러나지 않고 사회연대와 공동체적 양식이 시민 정신으로 구현되어 지역사회에서부터 든든한 사회적, 경제적 기초가 마련되게 된다. 마침내 인간으로서의 자유를 만끽할 수 있게 되면서도 사회정의와 연대가 강고해지고 민주주의는 더욱 확대된다.

이러한 복지국가는 하나의 이상향이나 신기루가 아니다. 이미 대부분의 서구 선진 복지국가가 20세기 100년간 이러한 복지국가의 확립에 심혈을 기울여서 우리 앞에 그 모범을 보여준 길이기도 하다.

그렇지만 남북의 대치 상황으로 인해 탈이념의 시대에도 여전히 흑백논리에 의한 이념의 경직성이 우리 사회를 전횡하고 있어 복지국가에 대한 이념적 편향이 오랫동안 존재해왔다는 사실과, 복지국가의 실현을 선도할 정치 세력과 노동 세력, 시민 세력의 기반이 미약한 상태라는 것이 앞으로 복지국가로의 길이 여전히 험난하고 멀기만 할 것임을 예고하고 있다.

또한 그간 독재 정권의 정권 안보용으로, 경제성장의 알량한 도구로, 신자유주의의 구조조정을 위한 최소한의 안전판으로, 심지어는 영리와 부가가치산업의 대상으로 복지를 취급한 전과前過로 인해 한국 사회의 복지국가로서의 기반이 상당히 뒤틀리고 기형화된 상태라는 점도 한국 사회가 담대한 복지국가의 길을 가는 데에는 커다란 암초가 될 수밖에 없다.

그렇지만 담대한 복지국가로 가는 이 길만이 한국 사회와 한국 경제가 지속적인 성장이 가능하면서도 사회 구성원 한 사람 한 사람의 삶에서 최소한의 인간적 욕구가 보장되도록 하는 길이며, 한국 사회의 지역 간, 계층 간 장벽을 낮추고 서로 인간적인 신뢰와 연대감을 공유하여 사회 통합의 대도를 열어가는 길인 동시에, 한국 사회에 진정한 민주주의가 완성되어 모든 인간이 자유와 정의, 평화의 가치 아래 평등하게 인간으로서의 권리를 향유하는 길이다.

결국 보편주의적 복지국가의 확립만이 우리 사회의 희망이며 미래로의 비상구임을 우리 사회 전체가 인식해야 한다.

2. 보편주의인가? 선별주의인가?

복지이론가들은 보편적 복지의 근거로 사회적 기본권과 사회적 책임론, 공동체주의, 인간의 존엄 등을 내세워왔다. 그러나 이런 복지 이념의 철학적·윤리적 근거가 흔들리고 있다. 사회적 책임론은 인류학적으로 매우 의심스러운 인간을 전제하고 있다. 개인의 경제적 실패를 모두 사회의 탓으로 돌리는 인간들이 사는 사회에서는 개인의 발전도 사회의 발전도 기대할 수 없다.

- 민경국(강원대 경제학과 교수), 『중앙일보』 2010. 10. 27 「보편적 복지 지상 논쟁」에서

보편적 복지가 필요한 첫째 이유는 바로 중산층이라고 해서 생활상의 위기로부터 예외일 수 없는 사회에 우리가 살고 있다는 사실이다. 신자유주의와 세계화의 광풍 앞에 고스란히 노출된 우리네 삶은 언제라도 해고와 도산의 위험에 놓여 있다. 교육과 의료, 주거, 육아를 자신의 소득으로 스스로 책임질 수 있다고 장담할 수 있는 이는 거의

없는 현실에 우리는 살고 있는 것이다.

- 이태수(꽃동네대 교수), 『중앙일보』 2010. 10. 27

「보편적 복지 지상 논쟁」에서

복지국가는 사회 구성원들 '모두'의 '복된 상태welfare'를 국가가 책임지는 한 국가의 운영 체계를 말한다. 대개 선진 국가를 자부하는 대부분의 나라는 국민 모두의 복된 상태를 추구한다는 점에서 복지국가로 불리게 된다.

그러나 복지국가를 구현하는 방식은 크게 보면 두 가지이다. 하나는 개인의 능력 발휘를 권장하고 시장의 조절 기능을 신뢰하여 사회의 제 분야가 정상적인 작동을 하는 가운데 대다수 구성원의 복된 상태가 달성된다는 시각을 바탕으로 한다. 다만 어떤 원인에 기인하여 결과적으로 이런 상태에 도달하지 못하는 일부 계층에 대해서만 국가가 개입하는 방식의 복지국가로, 이를 잔여적 복지국가라고 한다. 다른 하나는 현대사회의 구조적 특징으로 인해 시장이 원활하거나 공정하게 작동하지 않는 경우가 많고 그 속에 사회 구성원의 정상적인 생활을 위협할 잠재 가능성이 항상 존재하므로 각종 제도를 통해 미리미리 그 위험성을 차단하는 방식의 복지국가로, 이를 제도적 복지국가라고 한다.

전자의 복지국가에서는 결국 개인이 이러한 대처 능력이 없다는 것을 소득과 재산에 대한 조사를 통하여 판별하고 일정한 기준선 아래에 있는 자를 '선별'하여 국가의 지원 대상으로 삼는다. 그래서 '선별주의'를 애용하게 된다. 후자의 복지국가에서는 누구나 위험에 노출될 가능성을 인정하므로 굳이 현재의 경제적 능력을 따지지 않고 '누구나'를 대상으로 삼는다. 그래서 '보편주의' 방식을 주되게 사용하게 된다.

전자의 복지국가는 적자생존 법칙을 기초로 한 전통적인 사회적 다윈주의를 사회 발전의 원동력으로 삼고 개개인의 경제적 활동에 자유를 보장해야 한다는 시각이 강하다. 후자의 복지국가는 인간은 누구나 인간다운 생활을 할 권리를 갖고 있다고 보고 개인의 자유와, 시장의 경쟁이 낳게 되는 폐해로부터 인간의 숭고한 권리를 확실히 보장하자는 시각에 서 있다.

결국 보편주의에 입각한 복지란 복지 제도상의 급여를 소득이나 자산 조사를 거치지 않고 필요한 이에게 지급하는 복지 정책의 기조를 말하며 선별주의에 입각한 복지와 대조된다. 그간 우리나라의 저급한 복지 제도는 공공 부조 영역에서는 물론 사회복지시설 입소를 비롯해 장애인수당, 경로수당, 한부모 가정수당, 보육료 등 대다수의 복지 지원에서 가구 소득을 우선적으로 따졌다. 그 결과 최저생계비 수준 자체 또는 그 언저리 어딘가를 기준선으로 삼아 그 이상의 소득을 올리는 가구에는 복지 급여가 지급되지 않는 것이 상식이었다. 건강보험이나 연금과 같은 사회보험만이 여기에서 예외였다. 이러다 보니 소위 중산층으로부터 '도대체 국가가 나에게 무엇을 해주느냐.'라는 볼멘소리가 나올 만했다.

보편적 복지가 필요한 첫째 이유는 바로 중산층이라고 해서 생활상의 위기로부터 예외일 수 없는 사회에 우리가 살고 있다는 사실이다. 신자유주의와 세계화의 광풍 앞에 고스란히 노출된 우리네 삶은 언제라도 해고와 도산의 위험에 놓여 있다. 교육과 의료, 주거, 육아를 자신의 소득으로 스스로 책임질 수 있다고 장담할 수 있는 이는 거의 없는 현실에 우리는 살고 있는 것이다.

둘째, 빈곤 계층에 대한 집중 지원은 매우 근시안적이고 결국은 비용 효과적이지도 않다는 점이다. 빈곤 계층을 가려내기 위해 조사하고, 끊임없이 이들의 자산을 추적하는 과정에 직·간접적 비용이 든다. 그리하여 마침내 이들을 선별해낸다 해도 이들에게 사회적으로 부끄러운 존재라는 낙인을 찍게 돼 이들의 문제 자체조차 근본적으로 풀어내기 어렵게 된다.

셋째, 선별적 복지로는 '받는 자'와 '주는 자'로 양분되는 사회를 만들게 되고, 결국 사회 통합을 위해 또 다른 비용을 지불하게 된다. 또한 주는 자는 자신을 위한 지불이 아니므로 재원의 조달에 소극적이게 돼 복지 재정은 확대되기 어렵고, 가급적 복지 대상자를 철저히 선별하도록 주문하게 되며, 그것이 부메랑이 돼 스스로에게 복지 요구가 발생해도 받지 못하게 되는 악순환의 골이 만들어진다.

넷째로 보편적 복지는 예방적·사전적 대응책이라는 측면에서 비용 효과적이다. 결국 인간의 삶에 생겨난 생채기는 그 후유증이 깊고 길어 완벽한 치유가 불가하다. 한번 손상된 영혼을 되살리는 것은 불가능하다. 따라서 사전적이고도 예방적인 접근이야말로 가장 인간적인 것이요 비용 효과적이며 나아가 사회적 효과를 보장하는 것이기도 하다.

그러나 모든 정책을 보편적 복지로 하자는 것은 아니다. 그런 나라도 없고 그럴 필요도 없다. 그 사회에서 가장 중추적인 욕구에 대해서만 보편적 복지로 접근하면 된다. 그리고 경우에 따라서는 급여를 모두에게 주되, 소득에 따라 차별적으로 급여를 조정할 수도 있다. 또한 재원 걱정도 할 필요 없다. 결국 조세체계가 정상적으로 가동되면 여유 있는 계층에게 지급된 혜택은 과세를 통해 다시 환수되기 때문이다. 따라서 '더 못사는 노인에게 기초노령연금을 주지 나에게 왜 주는지 모르겠다.'고 독백하는 어르신들은 걱정할 필요가 없다. 대다수의 노인이 받는 기초노령연금은 못사는 동료 노인에게 낙인감烙印感stigma을 주지 않게 되고 정녕 자신이 경제적으로 여유가 있다면 자신이 받은 연금액은 국가가 알아서 세금의 형태로 다시 환수하기 때문이다.

한국 사회가 그동안 외눈박이처럼 한 가지 관점과 철학, 국가 운영 원리에 매달리고 있다가, 드디어 이 두 가지 관점에 대해 저울질하기 시작했다. 아직 후자의 철학이 완전히 압도적 지지를 받는 것은 아니지만, 전자의 일방적인 관점만이 진리라고 생각하고 심지어는 이것이 하나의 이데올로기가 되어 집단의식으로 자리 잡았던 때를 생각하면 중대한 진전이 아닐 수 없다.

내 개인의 삶은 나와 가족만이 외로이 지탱해야 한다는 이 서글픈 '진실 아닌 진실'이 서서히 깨지고 있는 것이다.

집안에 아버지가 일찍 돌아가시고 어머니마저 돌아가시면 큰누나나 큰형이 자기 인생을 모두 희생하여 나머지 동생을 돌보았다. 뜨거운 형제애의 발로라 칭송받을 만한 일이며 소년소녀가장으로 명명하여 그들에게 약간의 사회적 관심을 표한다. 그러나 끝내 속삭인다. "너의 인생은 네가 책임지는 것이다. 열심히 살아보거라. 보란 듯이 살아갈 수 있다. 아니면 숙명이라 생각해라……." 이게 지금까지의 한국 사회였다.

또 하나의 현실 세계에서는 이렇게 접근한다. 아버지와 어머니가 돌아가신다. 국민연금에 일찌감치 들어 있었기에 그 부모님의 사망 시 즉시 유족연금이 나와 치명적인 나락으로 빠지지 않게 된다. 그리고 아동일 경우 결코 가장이란 멍에를 지우지 않는다. 고아원이란 시설에 밀어 넣지도 않는다. 가급적 원래의 가정에 가장 가까운 형태의 대리 가정°을 찾아준다. 이들에게 들어가는 교육비는 그 대리 가정이 걱정할 일이 아니다. 누구라도 대학까지 간다면 거의 무료이다. 다만 굳이 대학을 가겠다고 기를 쓰지 않아도 인간다운 생활이 누려지기에 이들도 대학까지 갈 가능성은 많지 않다. 대리 가정은 의료비도 걱정하지 않는다. 국가 세금에 의해 병원이 운영되기 때문에 이들을 위해 그 대리 가정이 추가적으로 의료비 부담을 떠안지는 않는다. 오히려 아동수당이 지급되고, 식구가 늘어나므로 주택수당이라든지 더 넓은 집으로 옮길 수 있는 기회가 주어지지 않는가?

우리는 어떤 나라를 더 살기 좋은 나라라고 하겠는가? 대한민국을 어떤 나라로 만들어가고 싶은가?

물론 대다수가 후자를 선택할 것이라고 생각한다. 그러나 현실세계로 돌아와 후자를 위해 평소에 자신이 번 소득의 일정 부분을 이런 제도를 만드는 데 기여하는 것이 어떤가 하고 묻는다면 그리 간단치 않은 형상으로 돌아간다. '굳이 내 돈을 낼 필요가 있는가?' '내가 손해 보는 장사가 아닌가?' '나에게 그런 불행한 일이 일어나지 않는다면 괜한 일 아닌가?' 등등…….

그러나 복지 선진국들은 역사적으로 경험한 뼈아픈 시간들을 통해 중요한 깨달음을 사회적으로 공감하게 되었다. 즉 대공황을 통해 누구라도 대량 실업의 격랑에 내동댕이쳐졌던 경험, 졸지에 치명적이거나 고질적인 질병의 대상이 되었던 경험, 자본가와 노동자가 서로의 몫을 놓고 원색적으로 피 흘리며 싸웠으나 결과는 서로에게 해를 입히고 말았다는 자각, 내 자식을 줄 세우기 경쟁에서 각고의 노력 끝에 앞줄에 세워보았자 뒤에 서 있는 아이가 열패감을 느껴 내 자식의 등을 할퀴고 가버리면 모든 것이 공허하다는 깨달음…….

이런 경험들과 자각, 그리고 근본적으로 인간에 대한 기본적인 존엄성과 정의, 평화, 민주, 연대, 평등…… 이런 가치를 성숙한 시민들이 수용하고 있으니, 이런 복지 선진국에서는 복지를 둘러싼 원천적인 논란으로 불필요한 사회적 비용을 지불하지 않게 되고 그것이 오늘날 선진적인 복지국가가 수립된 배경이기도 하다.

지금 대한민국은 바야흐로 복지 담론에 휩싸여 있다. 보편적 복지인가, 선별적 복지인가? 무상급식인가, 부분급식인가? 이건희 회장 본인 및 그 손자에게도 복지 혜택을 주어야 하는가, 아니면 말아야 하는가? 복지국가로 가는 길이 맞는가, 경제 대국으로 가는 것이 맞는가?……

이러한 대대적인 논란에 대해 어떤 이들은 눈살을 찌푸리기도 한다. 정치인들의 놀음에 놀아나는 것이라고 혀를 끌끌 차기도 한다.

그러나 이런 논란을 치열하게 거쳐야 한다. 아니 이미 벌써 거쳤어야 했다. 이제야 이런 논쟁 구도를 접하고 있는 대한민국의 현실이 오히려 지난 과거가 얼마나 후진적이었는지를 웅변으로 증명해 주는 것이기도 하다.

결국 우리는 이런 논란을 거치면서 우리 사회를 '정글'로 만들 것인가 아니면 '관리된 공원公園'으로 만들 것인가를 선택하는 것이라 할 수 있다. 분명한 것은 지금까지 우리 사회는 복지를 경시하고 경제성장에만 매진한 결과 오로지 '정글의 법칙'만이 지배했다는 것이다. 만인에 대한 만인의 경쟁, 세상 풍파에 홀로 대처해 나가는 『정글북』의 모굴리°, 패자 부활이 없는 승자 독식의 사회가 그 결과이지 않은가?

그러나 복지와 함께 성장하는 길을 달려온 선진 복지국가들은 정글을 공원으로 바꾸어놓았다. 누구나가 안심하고 다닐 수 있도록 가시덤불을 없애고 죽음의 늪을 치워버렸다. 정글의 비극을 맛본 국민들은 '모두'의 공원을 위해 자신의 능력에 비례하여 세금을 냈고 그 결과를 함께 향유하게 되었다.

특히 지금의 무상급식 논란도 본질적으로는 우리 사회를 계속 정글로 만들 것인가, 아니면 공원으로 만들 것인가의 문제이다. 정글 속에서 지친 영혼과 함께 불안하게 혼자 점심을 먹느냐, 제법 잘 조성된 공원에서 모두 편안하게 함께 점심을 먹느냐, 선택의 문제이다. 결국 이 선택은 '공짜' 점심의 문제가 아니라 '편안하게 함께하는' 점심의 문제이다.

최근 무상급식에 대한 논란이 무상복지에 대한 논란으로 번지면서, 복지 망국亡國론과 복지 흥국興國론으로 나뉘어 논란이 여전히 진행 중이다.

우리나라 국민들은 복지 선진국에 비해 직·간접적으로 가계소득을 정부로부터 보전받는 정도가 약하다. 소위 복지라는 혜택으로 전체 정부 재정의 반의반만 받는다. 이에 비해 대부분의 유럽의 복지국가는 정부 재정의 반 이상을 복지 혜택으로 돌려받고 있다.

이런 상황에서 우리나라의 정치인들, 관료들, 그리고 지식인들 일부는 국민에게 공짜 점심은 부도덕하다고 설파한다. 세금을 더 내게 될 것이라고 한다. 급기야 경제가, 국가가 망하는 길이라고 말한다.

그러나 그들은 이렇게 말하지 않는다. 공짜 점심이 아니라 이미 내가 충분히 낸 돈이므로 당당하게 향유할 권리라고. OECD 국가들의 평균에 비하면 아직도 100조 원 가까이를 덜 내고 있다고. 그리고 복지 때문에 거덜 난 국가는 없다고. 그리스, 아르헨티나는 과도한 복지 때문에 망한 국가가 결코 아니라고.

지금까지의 시점에서 볼 때 우리나라 정부는 나의 세금을 온통 길바닥에, 강바닥에, 호화 청사에, 분양 장사용 아파트에 쏟아붓느라 우리 집 가계에 큰 시름을 주고 있는 교육비, 의료비, 어린이집 보육비, 주택부금 등의 부담을 덜어주는 역할을 외면하고 있는 것이 사실이고, 이러한 정부 역할의 한계를 벗어나려면 이 기회에 무상급식에 대한 논란에 종지부를 찍어야 한다.

물론 모든 것을 무상으로 접근할 수 없다는 것도 우리는 잘 알고 있다. 보편적 복지가 무상복지를 항상 전제하고 있는 것도 아니라는 사실을 우리는 잘 알고 있다. 그렇지만 적어도 지금 대한민국에 살고 있는 구성원 대다수가 아이를 키우는 데에, 교육시키는 데에, 질병으로부터 자신을 지키는 데에 매우 극심한 한계와 고통을 느끼고 그것이 생활 전체를 압박하고 있다면 몇몇 분야에서는 과감한 조세의 투여로 이 문제를 해결할 수도 있는 것이다. 이러한 접근을 무조건 망국적이라고 치부하는 것이 얼마나 본질을 왜곡하는 것인지 알아둘 필요가 있다.

어쨌든 과감한 복지국가로의 행보에는 필연적으로 대담한 국가재정의 투여가 뒷받침되어야 하는 것이 사실이다. 그리하여 어떤 이는 세금 폭탄을 유발할 것이므로 보편적 복지는 '달콤한 독약'과 같은 것이라고 한다. 그렇지만 국가재정은 하나의 사회적 연대 기금이기도 하다. 자신의 소득 중 일부를 이 연대 기금으로 제공하여 자신이 낸 것보다도 더 많은 몫이 실생활상의 지원과 지지의 형태로 되돌아오는 복지국가의 메커니즘은 결코 비효율적이지도 않고 국가의 폭력이라고 할 수도 없다. 소위 부자 감세라고 부르는 감세 정책°을 철회만 해도 한 해 20조 원의 여력이 생기고, 도로 건설의 밑천으로 기능하고 있는 15조 원 상당의 교통에너지환경세의 일부도 얼마든지 복지 분야로 용도 변경할 수 있다. 2009년 현재 공공부문에서 건설 투자로 사용되는 재정이 46조 원이며 이는 우리나라 GDP의 5%에 육박하는 수치이다.

이런 방법 외에도 앞에서도 말했듯이 지하경제를 양성화하고 자영업자 등의 소득을 정확히 파악하는 방법을 통해서도 추가적인 재원을 얼마든지 조달할 수 있다. 여기에 특별한 복지 제도를 운영하여 문제를 해결하고자 그 목적에만 사용하기 위해 조세를 부과하는 이른바 목적세를 도입하는 방안도 고려해봄 직하다.

결국 복지국가로의 길은 선택과 의지의 문제다. 현상적으로는 정부에 의해 시행되는 것이라고 보이지만 본질적으로는 한 사람 한 사람이 갖는 우리 사회의 전망과 바람직한 상이 모이고 모여 이런 복지국가로의 길도 선택하게 되는 것이다. 그리하여 결국은 '깨어 있는 시민'이어야 한다는 이유가 여기에도 있다.

향후 우리의 아이들이 '나는 복지국가의 자식'이라고 고백하면서 국가와 사회에 대해 자부심을 느끼는 그런 모습이 보편적 복지를 통해 가능하길 기대해본다.

3. 역동적 복지국가*

> 복지국가 혁명을 통하여 실현하고자 하는 우리나라의 미래의 모습은 무엇일까요?
> 바로 '역동적 복지국가'입니다. 현재 우리나라가 선택해야 할 최적의 모습, 즉 목표 모델입니다. 역동적 복지국가! 듣기만 해도 신이 나지 않습니까? 시장 국가보다 비교할 수 없는 품위가 있고 성숙한 나라 같으면서도 퇴행적, 소비적 인상을 주는 기존의 복지국가가 아닌 역동성이 넘치는 복지국가!
>
> \- 복지국가SOCIETY 정책위원회, 『복지국가 혁명』(2007) 중에서

* 역동적 복지국가라는 개념은 복지국가를 지향하는 많은 사람이 모여 2007년 창립한 복지국가SOCIETY라는 단체가 처음으로 주창한 것으로서 이 장은 나를 포함하여 여러 사람이 공동 집필한 『복지국가혁명』(2007)에 나오는 내용 중 일부를 발췌하여 인용하였다.

한국적 복지국가 모형을 생각할 때 중요한 점은 복지국가가 단순히 복지 영역의 단순한 확대나 복지정책의 강화만으로 가능한 것이 아니라 한 사회의 운영 원리에 관계된 것이며, 경제 영역까지 포괄하여 한국 사회 전체가 어떻게 인간의 보다 나은 삶을 보장하기 위해 운영될 것인가 하는 관점을 갖는 것이다. 자칫 폐쇄적으로 복지 영역만을 구축하게 되면 전체 사회 체계와의 정합성을 상실함으로써 설득력을 갖기 어렵다.

복지국가를 구축한다는 것은 사회복지를 강화하여 이전지출°을 확대하고 이를 통해 가처분소득을 늘리며 내수를 진작시킨다는 단순 논리가 아니다. 복지국가의 구축에서 무엇보다 중요한 것은 경제 부문의 제도와 규범을 공정하고 혁신적으로 재편하여 경제의 발전 동력을 유지하는 동시에 복지 부문의 제도와 정책의 지속 가능성도 경제 부문의 발전을 통해 확보되는 긴밀한 상호 관계를 형성하는 것이다.

이런 관점에서 보면 복지 부문과 경제 부문에서 각기 두 가지 전략이 필요하다. 그렇다면 복지 부문의 두 가지 전략을 살펴보자.

우선, '보편적 복지'를 혁명적 수준과 속도로 확대·도입하는 것이 필요하다. 취약 계층 일부에 대한 잔여적 복지가 아니라, 사회적으로 공감할 수 있는 수준의 최저소득을 국민 모두가 보장받을 수 있는 소득 보장, 아픈 사람은 누구나 경제적인 부담 없이 치료받을 수 있는 의료 보장, 지역이나 소득수준에 관계없이 누구나에게 질

높은 자기 개발 기회가 보장되는 교육 보장, 재산 축적이나 투기의 대상이 아니라 국민의 권리로서 자신의 주거 공간을 갖게 되는 주거 보장 등이 구현되도록 보편적 복지의 제도화에 박차를 가하여야 한다. 이것이 바로 인간 존엄성을 보장하는 길이며 나아가 국민 서로 간에 신뢰와 연대 의식을 확산하여 사회 통합을 위한 유리한 여건이 형성됨으로써 시장경제에서 횡행하는 천박한 이기주의를 교정·보완하고 안정적·협력적 경제구조를 구축하는 굳건한 토대가 된다.

다음으로, 복지의 능동화 혁명이다. 능동적 복지의 제도화는 개인별 개성에 토대를 두고 잠재 능력 개발을 위한 교육·의료 접근의 기회 균등을 보장함으로써 국민의 전반적인 인적 자본의 수준을 지속적으로 높이는 전략이다. 이 전략에는, 어린이가 잘 자랄 수 있도록 출산, 보육, 유아 교육을 포함하는 아동복지의 강화, 여성이 자신의 능력을 충분히 발휘할 수 있도록 가족 내에서의 돌봄과 관련된 노동을 다양한 복지 제도를 통해 사회적으로 해결함으로써 여성에게 기회의 균등과 양성 평등을 보장하는 여성·가족에 대한 복지의 강화, 노인들의 소득이나 건강, 일거리가 보장되어 사회적으로 유의미한 존재로서 자신의 능력을 발휘해나가도록 하는 노인복지의 강화, 장애인이 시혜적인 차원에서 지원받는 것이 아니라 장애로 인한 차이를 극복할 수 있는 수준의 경제권과 노동권, 이동권 등을 보장받는 장애인 복지의 강화 등이 포함된다. 이로써 사회의 전 구성원이 균등한 기회를 갖고, 잠재 능력을 발휘함으로써 경제적인 능력의 향상과 사회경제적인 분업 과정의 참여 보장이 이루어진다. 이는 개인들의 삶에 대한 자긍심을 높이며 사회 전체적으로 자발적 참여 구조를 구축하는 것인 동시에 노동력의 활용을 극대화하여 경제발전의 핵심 동력을 갖게 되는 것이다.

이러한 복지 부문의 전략과 함께, 경제 부문에서의 두 가지 전략도 매우 중요하다. 그 첫 번째가 공정하고 투명한 경제구조의 확립이다. 노·사 간, 중소기업·대기업 간, 산업자본·금융자본 간의 협력적 관계가 필수적이며, 기업 지배 구조의 투명성이 보장되어야 한다는 것이다. 여기서 특히 강조되어야 할 부분은 조세제도의 투명성과 공정성을 확보하는 것이다. 소득이 투명하게 드러나 소득 수준에 걸맞게 조세부담이 이루어짐으로써 보편적 복지와 복지의 능동화에 필요한 적지 않은 복지 재원 조달이 가능해질뿐더러 조세부담에 대한 불필요한 저항이 해소될 수 있다.

경제 부문의 두 번째 전략은 혁신적인 경제구조를 구축하는 것이다. 이를 위해 연구 개발 부문을 획기적으로 강화하여 미래·첨단 산업을 육성할 수 있어야 한다. 지역 단위의 총합 효과 극대화를 위한 산업·기업·교육·연구·시민단체·정부 등이 결합된 교육·복지 클러스터가 전국 단위로 확대되어야 한다. 동시에 공공 부문의 효율성과 공익 창출 확대를 위한 전면적인 구조 혁신도 필요하다. 이를 통해 소수의 대기업에 의한 소품종 대량생산의 전통 산업 중심 경제구조에서 전국에 산재한 다수의 역동적 기술 친화형 중소기업을 중심으로 하는 첨단 지식 산업, 다품종 소량생산 구조로의 전환이 가능하고 국민경제는 역동성과 내적 완결성을 갖게 된다. 이러한 혁신 친화적 지식 기반 경제구조는 국제 경쟁력을 갖추는 데에도 유리하여 한국의 경제발전을 위한 동력의 근간이 되어 경제 주체들의 사회적 참여와 기여에 대한 보상의 가능성을 확보하여준다. 또한 보편적 복지와 능동적 복지에 의해 확보된 우수한 인적 자본이 이러한 혁신 경제의 구축에 자산이 됨은 물론이다.

결론적으로 이러한 네 가지 전략은 우리 사회의 발전을 위해 물질적 부를 효율적으로 증가시키는 원천임과 동시에 인격과 사회적 의식 수준을 높여나가는 주춧돌이 된다. 더군다나 이들 간의 상승적인 상호작용은 우리 사회의 사회적 자본, 인적 자본, 기술·지식 자본, 물적 자본을 양적으로 확대시키며 질적으로 강화시키는 원천으로 작용하기도 한다.

또한 무엇보다도 이를 통해 사회의 모든 개인은 자기 개성과 능력에 따라 선택한 직업에 대한 자긍심과 지적·문화적 능력에 대한 자부심이 높아질 것이고, 상호 신뢰감의 증대에 수반하여 다른 구성원들에 대한 호혜적 연대의식이 자연스럽게 형성되어 이를 토대로 사회와 국가에 대한 대의체적 믿음도 증가함으로써 적극적인 민주주의적 참여가 유도될 수 있다. 이러한 과정이 바로 호혜적·능동적 사회 발전의 과정이며 또한 균형적·안정적 경제발전의 원인이 될 것이다.

결국 이렇게 경제와 복지 영역 각각에서 토대와 혁신 동력 부분이 성공적으로 제도화되어 작동하게 되면 사회경제적 생산 요소들이 창출될 것이다. 이를 기반으로 사회 전체의 차원에서 다양한 유·무형의 사회구조가 구축되고, 개인, 사회, 국가 등 각각의 차원에서 높은 의식 수준에 기반을 둔 고도의 경제적 성과가 안정적으로 산출됨으로써 모든 국민의 삶의 질이 지속적으로 향상되는 복지국가가 실현될 것이다. 이 과정에서 사회적 합의 구조가 순조롭게 형성되고, 사회경제적 분업 과정에 높은 자긍심을 가진 능력 있는 개인들이 자발적으로 참여하고, 공익의 원칙에 따라 사회적으로 조정된 시장구조를 구축하고 그리고 능동적으로 쇄신하는 경제주체들만이 사회적 기여에 대한 높은 보상을 받게 되는 경제구조로 이행하는 것 등이 가능할 것이다.

바로 이러한 모습의 복지국가를 '역동적 복지국가'라고 부르기로 하고, 이를 한국의 복지국가 모형으로 제시하고자 한다. 다시 말해 한국 사회에 복지국가를 혁명적으로 구축한다는 것은, 보편적 복지와 공정하고 투명한 경제구조가 토대로서 정착되고 능동적 복지와 혁신적 경제가 그 토대 위에서 적극 발현되는 동시에 이들이 그 토대를 더욱 강화시키는 선순환을 이룸으로써 안정적 경제 발전과 행복한 국민의 삶이 보장되는 그런 역동적 복지국가를 완성하는 것이어야 한다.

4. 복지와 경제는 뫼비우스의 띠다

제군이 이미 교과서를 통해서 알고 있는 것이지만, 이것 역시 입학시험과는 상관없는 이야기니까 가벼운 마음으로 들어주기 바란다. 면에는 안과 겉이 있다. 예를 들자. 종이는 앞뒤 양면을 갖고 지구는 내부와 외부를 갖는다. 평면인 종이를 길쭉한 직사각형으로 오려서 그 양끝을 맞붙이면 역시 안과 겉 양면이 있게 된다. 그런데 이것을 한 번 꼬아 양끝을 붙이면 안과 겉을 구별할 수 없는, 즉 한쪽 면만 갖는 곡면이 된다. 이것이 제군이 교과서를 통해서 잘 알고 있는 뫼비우스의 띠이다. 여기서 안과 겉을 구별할 수 없는 곡면을 생각해보자.

- 조세희, 『난장이가 쏘아올린 작은 공』(2000) 중에서

복지와 경제는 선순환하는가? 복지와 경제는 상충하는가?

이 문제는 경제학과 사회복지학 영역에서 매우 오래된 논쟁이자

고전적인 논란거리이기도 하다. 그러나 답은 언제나 선순환하지도, 또한 언제나 상충하지도 않는다는 것이 맞다. 양쪽의 경우를 정당화할 수 있는 논리와 근거는 얼마든지 존재한다. 다만 각 나라마다 처한 정책 수단의 여건과 사회경제적 상황이 어떤지에 따라 그 관계가 달라질 수 있다고 보는 것이 맞다.

이론적으로는 복지가 경제에 도움을 주지 않는다는 주장에 대한 근거는 다음과 같다.

우선 무엇보다도 복지는 경쟁을 통해 효율성을 극대화시킨다는 시장의 논리를 부분적으로 정지시킴으로써 경제 전체에 비효율을 가져온다는 점을 들 수 있다. 전통적으로 근대경제학 이론이 입증한 시장경제의 장점이자 덕목인 효율성 증진이 방해를 받는다는 이 근거는 복지와 경제의 근본적인 속성의 차이를 전제하고 있다. 복지는 일종의 선물膳物 교환 체계이자 탈脫상품의 영역이지만, 경제는 시장에서의 상품 교환 체계이며 상호 등가의 교환이므로 이로부터 누구도 손해를 보지 않는다는 것을 전제한다. 따라서 복지 영역의 존재는 한 사회가 상품 교환을 통해 최상의 경지에 도달하는 데에 방해가 될 뿐이라는 것이다.

또한 복지를 통한 욕구의 해결은 인간 스스로의 근면하고 성실한 노력이나 정당한 교환을 통해 이루어지는 것이 아니다. 따라서 그것은 인간에게 공짜 점심을 기대하게 하거나 타인의 선의에 대한 의존심을 키워 결국 복지병이라 일컫는 부도덕하고 비경제적인 의식을 유발시키며, 이는 노동력이 활발하게 생산과정에 참여하는 것을 가로막는 치명적인 결과를 낳는다는 것이다.

나아가 거시 경제°적으로 볼 때 한 경제권 내에 한정되어 있는 자본이 생산과정에 투여되어 고용을 유발하고 이윤을 낳아 부가가치를 창출하는 순환 관계에 놓이지 않고 복지를 주도하는 국가나 공공의 영역으로 들어가 단순히 재분배의 용도로 뿌려짐으로써 경제권 내에서 그 자본이 확대재생산°되지 못하고 결국 국가 경제 전체를 놓고 볼 때 부가가치 창출에는 부정적일 수밖에 없다는 것이다.

반면에 복지가 경제에 도움을 주는 존재라는 주장 역시 다양한 근거를 가지고 있다. 먼저 케인스J. M. Keynes가 이미 설파했듯이 거시 경제에서 구매력 있는 수요를 창출하여 공급 과잉 현상에서 비롯되는 불황을 타개하기 위해서는 정부 재정의 역할이 중요한데, 복지 분야를 통한 재정지출은 거시 경제의 활성화에 적극 기여한다는 점이다. 특히 정부가 같은 돈을 풀 때 빈곤층이 소비로 지출하는 경향이 부유층의 그것보다 높아 복지를 통한 지출은 매우 효과적이라는 점도 놓칠 수 없는 부분이다.

또한 복지를 통한 지출은 결국 인간 생활을 지지하고 안정화시켜 노동력의 질적 수준을 높인다. 만일 노동력 수준을 높게 유지하는 것을 당사자에게만 맡겼으나 그것에 차질이 생겨 노동력의 수준이 낮아진다면 결국 기업의 경쟁력이나 국가 경제에 영향력을 미치게 되므로 이를 국가 차원에서 사전적, 사후적으로 관리하는 것은 결국 국민경제에 매우 유용한 결과를 가져오게 된다. 아울러 이 부분도 결국 고용의 창출 효과를 갖고 있어 민간 부문에서의 고용 창출력이 떨어질 때 그 대안으로서의 의의가 인정된다.

그러나 무엇보다도 화폐적 가치로는 충분히 설명할 수 없다 해도 복지를 통해 사회 통합을 꾀함으로써 불필요한 갈등과 긴장을 유발하지 않는 것 자체가 복지의 가장 큰 기능이라고 말할 수 있다. 특히 시장경제에서 정당한 대가를 받지 못하고 소외 계층으로 전락한 빈곤층이나 노동자 계층이 사회에 대한 불만이나 저항을 각종 수단을 통해 표출하는 것은 시장경제의 성과를 심각하게 해칠 수 있다는 점에서 상대적으로 복지의 순기능이 부각된다.

이렇게 볼 때 복지와 경제의 관계가 한국적 상황에서는 어떻게 작동할지는 위의 여러 근거 중 어떤 것이 더 유효하게 작동하고 있는가를 살피는 것에서 답을 찾을 수 있다.

결론적으로 한국에서는 복지가 경제의 발목을 잡을 만큼 확대된 상황이 아니라는 점에서 오히려 지나치게 낮은 복지 수준이 이제 경제가 성장하는 데에 결정적인 걸림돌이 된다고 보아야 한다.

현재 '복지 없는 한국'으로 인해 빚어지는 성장의 한계 현상은 여러 가지로 나타나고 있다. 먼저 이미 우리 사회에는 삶의 안전망 없이 각자도생의 단말마적인 삶을 사느라 지친 계층이 너무나 많이 존재한다는 사실이 치명적인 문젯거리로 등장한다. 우리 사회는 매일 40여 명씩 자살하며, 특히 청년과 노인의 자살률이 세계 최고다. 100만 명에 이르는 빈곤 아동이 미래에 대한 희망을 갖지 못한 채 좌절하는 인생의 출발선상에 서고 있다. 취업자 중 30%에 육박하는 자영업자들이 창업과 도산을 반복하면서 한계 계층으로 내몰리고 있다. 전체 노동자의 50% 이상을 차지하는 비정규직은 정규직과의 신분상의 차별만이 아니라 노동조건에서의 현격한 차별 아래 승진도, 휴직도, 임금 인상도 보장되지 않는 무미건조한 노동을 어쩔 수 없이 반복하고 있다. 공식 실업률로는 설명 안 되는 수많은 청년백수의 존재 역시 한국 사회의 미래를 어둡게 만들기에 충분하다. 끝내는 '출산 파업'으로 일컬어지듯 결혼하여 이 땅에서 자신의 분신을 낳고 싶어 하지 않아 세계 최저의 출산율을 기록하고 있는 대한민국이다. 이런 현실들은 우리 사회의 건강성과 역동성을 해치는 것은 물론 경제적으로도 더 좋은 인력과 더 많은 인력을 공급하는 데에 치명적이다.

이렇게 인간으로서의 조건이 열악한 상황에서 그 대상을 노동자로 좀 더 좁혀 들어가보면, 노동자들 역시 노동력 재생산을 시장임금에 과도하게 의존하는 상황에서는 '시장임금'을 최대한 높이는 방법을 선택할 수밖에 없고, 이것이 필사적인 임금 인상 투쟁과 노동운동의 '전투화'를 유발한다. 1987년 이후 노동운동의 전투화 뒤에는 우리 사회의 '시장의 과잉'과 '복지의 과소'가 자리 잡고 있다는 것은 엄연한 진실이다. 이는 산업의 구조적 변화 과정에서 구조조정이 꼭 필요한 경우가 있다 해도 이를 쉽게 수락할 수 없는 노동조건들을 낳는다. 노동력의 재생산을 시장에 과도하게 의존하는 구조에서는 노동시장에서의 탈락이 곧 가족생활의 결정적 위기를 의미하기 때문이다. 결국 특정 산업이나 특정 기업이 부득이 노동자의 해고를 통해 구조조정을 해야 한다 해도 현재와 같은 상황에서는 노동자 자신들이 이를 받아들이기 어려운 것이 현실이다.

복지의 과소 현상은 특히 여성의 경제활동을 제약한다는 점도 경제적 성과 측면에서 결정적인 또 하나의 걸림돌이다. 아동 보육시설의 불충분, 노인요양보호제도의 미비로 아동·노인 부양 부담이 여성에게 집중되면서 여성을 노동시장에서 퇴출시키는 역할을 하고 있다. 즉 부실한 복지 정책이 여성 노동력 활용을 제약함으로써 성장의 잠재력을 훼손시키고 있는 것이다. 한국의 경우 여성의 경제활동인구는 20대에 60% 수준을 보이다가 출산 연령기인 30세 전후에 45%로 급격히 떨어진 뒤 30대 중반부터 다시 늘어나는 전형적인 M자형을 보이고 있다. 그러나 아동·노인 돌봄 정책이 잘 갖추어진 캐나다와 스웨덴은 20대의 경제활동인구가 50대 초반까지 그대로 유지되고 있음을 볼 때 우리나라처럼 젊은 여성 노동력이 퇴장하는 것은 성장 잠재력을 저하시키는 데에 지대한 기여를 한다고 할 수 있다.

더 나아가 현재 상태에서 복지의 확대는 민간 부문이 벌써 고용 없는 성장 단계로 접어든 상황에서 여성만이 아니라 다양한 계층에게 고용의 기회를 보장하는 절대적인 기여를 하게 한다. 즉 공공

〈표 17〉 각국의 연령대별 여성 취업률 비교(%)

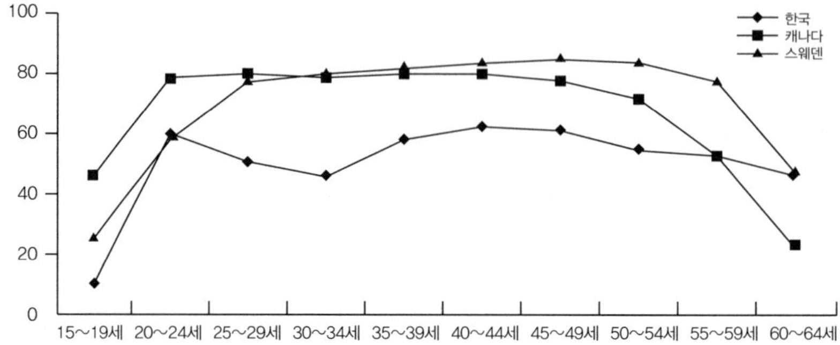

- 자료: 각국 통계(2007)

부문의 고용 창출은 청년, 여성, 노인 등의 인력을 흡수함으로써 경제성장에 기여할 수 있는 중요한 부분이다. 특히 보건 및 사회복지 서비스 분야는 복지 확대와 고용 창출을 동시에 달성할 수 있는 매우 중요한 부문이지만, 한국의 경우는 이 분야의 고용 창출 능력이 매우 부족하다. 보건 및 보육 등 사회복지 서비스 분야에 고용된 인력은 한국의 경우 전체 취업자의 5% 내외에 불과하지만 2005년을 기준으로 할 때 미국은 11.1%, 독일은 10.3%, 스웨덴은 18.4%이다. 이렇게 볼 때 우리의 경우 이 분야의 고용 창출의 여력이 매우 많다는 것을 확인할 수 있다.

한 가지를 더 추가하자면, 한국 사회에서 복지의 과소 현상은 경제학에서 전통적으로 애용되는 경제 발전에 의한 자연스런 분배 효과, 이른바 낙수 효과trickle-down effect°를 실현시키지 못하게 한

〈표 18〉 2000년대 중반 조세 및 소득이전° 전후 상대 빈곤의 국제 비교(%)

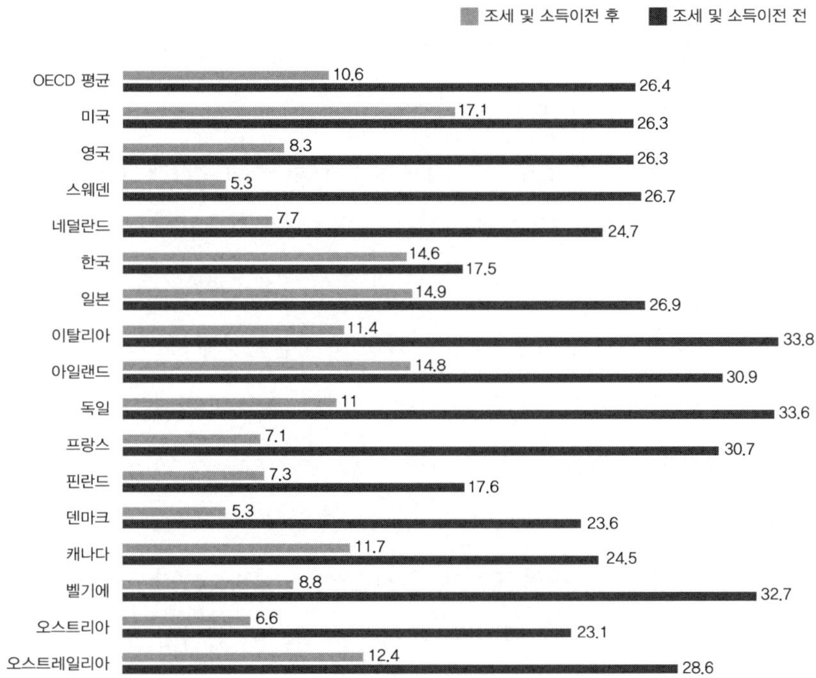

- 주: 빈곤은 중위 소득 50% 미만 기준의 상대 빈곤율
- 자료: OECD(2011), Social Expenditure-Aggregated data(http://www.oecd.org)

다. 그러므로 FTA 체결과 같은 적극적인 대외 개방에 의한 경제 발전 전략의 성과를 전 국민이 공유하지 못하게 된다. 이러한 전략은 오히려 중산층이 붕괴되고 사회 양극화가 심화되는 계기로 작동될 뿐이다. 〈표 18〉에서와 같이 상대적 빈곤이 조세정책과 복지정책을 거친 후 얼마나 줄어드는가를 볼 때 한국은 OECD 국가들

의 평균 수준인 10.6%보다 높은 14.6%나 된다. 비록 조세 및 소득 이전 이전의 원래 소득수준에서의 상대적 빈곤이 적었다고는 하지만, 결과적으로 가처분소득 차원에서의 상대적 빈곤은 가장 높은 집단에 속한다는 사실은 충격적이다.

결국 대한민국의 현주소는 서구의 발달된 복지국가에서 부분적으로 엿보이는 복지와 경제의 상충적인 요소들이 나타난다기보다 오히려 복지가 과소하여 경제성장 자체가 지장을 받는 수준이라고 결론 내릴 수 있다. 이는 역으로 말하면 지금은 복지의 확대가 경제성장을 견인할 수 있다는 것이며, 이러한 성장의 과실은 다시 복지의 확대에 밑거름이 될 수 있는 상호 상승 작용을 할 수 있다는 것이다.

이것이 대한민국에서 복지와 경제는 서로 겉과 속, 안과 밖을 구분할 수 없는 뫼비우스의 띠와 같이 일체화되어 있다고 보는 이유이다.

5. 복지국가의 실현 조건들

지난 경험에서 알 수 있듯 사회연대 정신에 기초한 사민주의 정당이 부재한 한국 상황에서 복지국가를 내세운 정치 세력이 집권한다 하더라도 이를 추동하는 대중운동이 뒷받침되지 않는다면 이해관계를 달리하는 계층의 반대에 부딪쳐 복지국가 운영의 실질적 진전을 이루지 못할 가능성이 큽니다. 따라서 노동조합, 시민사회단체, 지역단체, 풀뿌리단체 등 각계각층의 대중조직을 기반으로 복지국가 건설 주체를 형성하고, 정치권 중심으로 이루어지고 있는 복지 정책 조합 수준의 복지국가 논의 의제를 생존권 복지 의제로 확장할 필요가 있습니다.

- 2011. 7. 20 복지국가실현연석회의 출범식 자료 중에서

앞에서 살펴본 바람직한 복지국가의 모습을 실현하기 위해서는

당장 극복해야 하는 현실적인 장애가 존재한다. 복지 확대의 이론적 정당성에 대한 담론 형성의 미진, 재원 조달 가능성에 대한 회의적 시각 팽배, 그리고 복지국가 건설 주체 형성의 미약 등이 그것이다. 따라서 우리는 이에 대해 우리의 패배주의적 시각을 극복하고 적극적인 대응을 해나가야 할 것이다.

먼저 복지 확대의 이론적 정당성을 확보하기 위하여 어떻게 지배적인 담론을 만들어나갈 것인가를 생각해보자. 앞 장에서 우리는 복지와 경제의 관계에 대한 다양한 논점을 알아보고 복지와 경제는 뫼비우스의 띠처럼 일체화되어 있다는 걸 살펴보았다. 그런데 한국 사회에서도 복지와 경제는 악순환할 수 있다는 논거를 통해 복지 확대를 부정하는 주장이 대두되고 있다. 그러나 한국 사회에서 진정 양자가 악순환하는 것인가에 대한 진지한 성찰이 요구된다. 특히 복지와 경제의 선순환에 대한 정당성의 확보는 이 시점에서 양극화 해소를 위한 강도 높은 사회정책을 구사함에 있어 매우 중요한 격발자trigger 역할을 할 것이다. 흔히 복지와 경제가 악순환하는 대표적인 근거로 다음 세 가지를 든다면, 이것이 한국 사회에서도 그대로 유효한지를 논하는 것은 매우 중요한 의미를 지닌다.

첫째, 근로 의욕의 저하 가능성이다. 이것의 논거로는 국민연금 조기 퇴직 효과와 실업·상병수당의 근로 의욕 감소 효과, 그리고 공공 부조의 근로 유인 감소 효과 등이 구체적으로 거론된다. 그러나 우리나라는 국민연금의 실질 급여액이 낮아 조기 퇴직 효과가 거의 없으며, 은퇴를 전후하여 자녀 결혼 등의 현금 수요가 많아 연금제도 하나가 조기 퇴직을 유도하지 않는다. 또한 상병수당은 존재하고 있지 않으며, 실업수당 역시 매우 엄격하고 급여 기간이 길지 않아 근로 의욕 감소 효과가 극히 미미하다. 기초생활보장 수급자 중 근로 유능력자는 자활 사업 참여를 조건으로 급여를 받기 때문에 공공 부조의 근로 유인 감소 효과가 크지 않다. 그러나 근로소득액이 높아지면 수급자에서 탈락하므로 일을 하지 않거나 혹은 소득액을 축소 신고하는 경향이 존재하는 것은 사실이다. 어쨌든 전체적으로 우리나라 복지 제도에서 근로 의욕이 저하할 가능성을 찾는 것은 쉬운 일이 아니라는 결론이 가능하다.

둘째, 저축률의 저하 가능성이다. 그러나 우리나라는 국민연금이 '수정적립방식'°을 택하고 있어 막대한 규모의 국민연금 기금이 사회적 투자 자본으로 활용되고 있다. 따라서 우리나라에서는 연금제도를 통해 민간 저축을 구축驅逐하는 효과는 성립하지 않는다.

셋째, 복지 재정이 사회적 총투자 자본을 제약할 가능성이다. 이는 우리나라의 복지 재정 규모가 미약하여 투자 자본 총량을 위축시킬 정도는 아니라는 사실로 방어된다. 오히려 부실한 복지 제도가 성장 잠재력을 훼손하는 현상에 주목하여 복지 확충과 성장의 선순환 관계를 유도할 필요성마저 있다. 1인당 국민소득 1만 불 시대에 선진국이 지출한 복지 지출비 규모를 볼 때(〈표 19〉 참조) 우리나라의 복지 지출비가 미약한 상태라는 것은 명확하다. 따라서 복지 재정이 사회적 총투자를 제약할 상황은 아니다.

반면 한국적 상황에서 복지와 경제가 선순환할 가능성은 여러 가지 측면에서 발견된다.

첫째, 복지의 발달로 보건 및 복지의 일자리 창출 효과가 기대되는 측면이 있다. 보건 및 사회복지 서비스 분야는 전형적인 노동집약적 산업으로, 여성 취업자의 수가 많고, 고도의 숙련 노동자와 저숙련 노동자의 공동 취업이 가능한 영역이다. 따라서 보건 및 사회복지 서비스의 확충은 대규모 일자리 창출로 이어진다. 또한 2008

〈표 19〉 각국의 1인당 국민소득 1만 불 시대와 2만 불 시대의 사회복지 지출비 비중(% of GDP)

국가	1만 불 시대		2만 불 시대	
	달성 연도	사회복지 지출	달성 연도	사회복지 지출
미국	1978	13.7	1988	14.1
일본	1981	10.4	1987	11.3
스웨덴	1977	27.8	1988	32.2
영국	1987	18.3	1996	22.8
독일	1979	25.7	1990	29.6
프랑스	1979	23.5	1990	30.1
호주	1980	11.7	1996	15.7
평균		18.7		22.3
한국	1995/2002?	2.3/5.3	2010	8.2

- 자료: LG 경제연구원(2003); OCED 통계

년부터 노인요양보험이 실시되었고 국민연금제도에 의해 완전노령연금의 수급자가 발생하면서 노인 관련 분야에서 일자리 창출이 본격화되고 있다. 스웨덴의 경우, 1970년대 보육과 보건 부문에서 대규모 일자리를 창출함으로써 완전고용을 달성한 경험이 있다.

둘째, 사회 안전망 구축으로 노동운동의 유연화에 기여한다. 경직화되고 전투적인 노동운동을 합리적이고 유연한 노동운동으로 전환시키기 위해서는 사회 안전망의 구축이 전제되어야 한다. 즉 사회 안전망 확보는 사측의 경영 투명성 확보와 더불어 노동운동의 유연화를 위한 사회적 합의의 기본 조건이다.

셋째, 노인과 여성의 노동 공급 확대와 출산력 향상이 기대된다. 우리나라 여성 경제활동 참여율은 앞 장에서 보았듯이 전형적인 M자형을 보이고 있으나, 선진국은 연령별 차이가 거의 없다. 한국은행 금융경제연구원의 연구 결과에 따르면, 지금까지는 인구구성

〈표 20〉 사회적 합의에 기초한 노동운동 유연화 방안

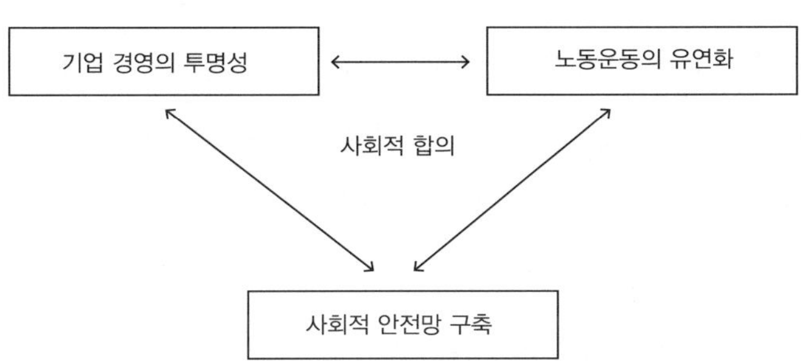

변화가 성장에 미치는 영향이 크지 않았으나 앞으로 성장 둔화가 뚜렷해지면 인구요인°만으로도 현재 5% 수준인 잠재 GDP 성장률이 2020년에는 4%선, 2030년에는 3% 수준으로 낮아질 것으로 전망된다. 따라서 보육 및 가족 복지의 강화를 통하여 노동력 공급을 확대하는 것은 견실한 경제성장의 필수 조건이다.

이상에서 우리는 적어도 현시점의 한국 상황에서는 복지와 경제가 선순환한다는 정당성을 확보할 수 있으며, 이를 지배적인 담론을 형성하는 데에 적극 활용할 수 있을 것이다.

다음으로는 재원의 조달 가능성에 대한 현실적인 대안을 제시해야 한다. 사회 일각에서는 현재의 재정 및 조세 현황을 고려할 때 이러한 엄청난 소요 재원을 확보하는 것 자체가 불가능하다는 주장을 강력하게 하고 있다. 이 주장은 예산제약°을 인정하자는 지극히 합리적이고 당연한 전제를 유지하는 듯한데, 문제는 현실적으로 불가피하고도 위급한 필요를 바탕으로 하고 있는 재원 수요처에 비해 재원 동원에 대한 발상은 안이하다는 데에 있다.

그렇다면 현재의 여건 내에서 재원을 과감하게 동원하는 것이 정말로 불가능한 것인가? 담대한 복지국가에 필요한 막대한 재원을 확보하기 위해 제시될 수 있는 많은 대안을 요약해보면 다음의 여섯 가지로 정리할 수 있다(이것과 관련된 일부 내용은 앞의 2부 8장에서 살펴보았다).

첫째, 소득세 면제점 인하, 간이과세제도 폐지 등 공평 과세 구현

방안

둘째, 법인세 및 소득세, 부동산세 등 세율 조정

셋째, SOC(사회간접자본) 투자 축소, 낭비 재원 차단 등 세출 누수 방지 및 세출 절약 방안

넷째, 자영업자 소득 파악, 탈루·음성 소득의 발굴 등 과세 기반 확충 방안

다섯째, 소득 역진적인 다양한 비과세 감면 제도 개편 등 조세 감면 축소 방안

여섯째, 국채 발행을 통한 적자재정°의 일시적 편성 등이 그것이다.

결국 재원 확보는 크게 나누어 두 가지인바, '현재의 재정 총량 내에서의 재원 확보'와 '새로운 재원 발굴을 통한 재원 확보'가 그것이다. 그러나 우리나라의 조세 지출과 재정 정책이 지닌 미흡한 소득재분배 효과를 생각할 때 소득 누진적인 방식의 조세정책°을 통해 재원을 확보하는 전략이 양극화 해소를 위한 중층적인 효과를 거둘 수 있다는 점에서 매우 유용한 전략으로 인식될 수 있다.

이렇게 볼 때 현재 시점에서는 위에서 제시한 여섯 가지 통로를 통한 적극적인 조세개혁이 반드시 필요하며, 이와 동시에 이들 재원을 저출산·고령화 및 사회 양극화 해소에 명실공히 사용하기 위해 최종적으로는 목적세 도입까지도 검토해야 한다.

적극적 재정 확보 수단으로서의 목적세 도입과 관련해서는 현재

국민의 추가적인 조세 부담 능력을 살펴볼 필요가 있다. 현재 한국의 조세부담률 수준은 OECD 국가 중 하위에 속하며, 동아시아 국가권·영미 국가권·북구 국가권·유럽 대륙 국가권 등 유형별 국가권으로 비교할 때에도 같은 동아시아권 내의 일본을 제외하고는 타 국가들과 현격한 차이가 있다.

따라서 한국의 경우 선진 국가들과 비교할 때 GDP의 5～10%p 만큼의 추가적인 조세 부담 능력이 있다고 본다. 현재 조세 부담 증대에 대한 국민들의 저항은 사실이지만, 이는 정부에 대한 불신과 경기 침체 가능성 두 가지에 기인하는 것이다. 정부에 대한 불신은 양극화 해소 및 중산층 복지 제도 확대로 국민들이 재정 지출 효과를 체감함으로써 서서히 완화시킬 수 있고, 경기 침체 가능성은 보수적 이념과 시장주의에 기초한 대표적인 반대 논거로서, 서구 선진국의 경험과 시장경제의 한계, 현재의 위기 상황이 가져올 심각한 사회 해체 가능성 등에 대한 꾸준한 문제 제기와 대응 담론 형성을 통해 대응해나가야 할 것이다.

마지막으로는 누가 복지국가를 만드는 주체의 역할을 할 것인가라는 측면이 중요하다. 사회정책 전개의 정당성과 재원 조달 가능성을 확보하였다 해도 이를 주도해나갈 주체 세력의 확보는 또 하나의 중요한 실현 조건이다. 먼저 정치권에서는 보편주의에 입각한 복지국가를 만들고자 하는 정치인과 정당이 등장해야 한다. 유럽의 선진 복지국가에서 노동당이나 사회민주당의 존재가 오늘날 복지국가 구축의 정치적 기반이 되었다는 것을 고려할 때 한국에서도 진정한 복지 정당이라 명명할 수 있는 대중적 정당이 등장하는 것이 요체이다.

시민사회 내에서는 노동계의 역할이 중요하다. 노동자들의 사회임금이 갖는 의미를 인식하고 단위 사업장의 노동조건 개선이나 임금 인상도 중요하지만 산별노조나 중앙 단위의 노조 조직은 사회임금 쟁취를 위해 복지국가 확립이라는 이슈를 매우 높은 우선순위에 놓아야 한다. 그러나 현재의 노동계가 이러한 인식을 갖고 있지 못한 것은 유감이다. 더군다나 10%를 약간 웃도는 노조 조직률은 노동계가 과연 한국 사회에서 복지국가 주체 세력으로서 어떤 중요한 역할을 할 수 있을 것인가 하는 회의적인 시각을 갖게 하는 측면도 있다. 그렇지만 복지국가의 중요성에 대한 노동자 집단의 자각은 복지국가의 건설에 있어 매우 핵심적인 요소이다.

한국 사회에서는 오히려 그간의 민주화운동 과정에서 중대한 역할을 하였던 시민사회 진영이 나름 역할을 할 수도 있다고 기대가 모아진다. 이들 시민사회 진영이 복지운동에 동참하여 신사회 건설의 핵심적인 정책으로서 사회정책을 설정하고 운동의 성과로서 이를 관철시켜나갈 수만 있다면 한국의 복지국가 건설사에 새로운 이정표를 남길 수도 있다고 본다.

여기에 사회복지계도 예외일 수는 없다. 사회복지계는 그간 사회복지 서비스의 전달자로서의 역할에만 비교적 충실하여왔지만 복지의 가치와 이념에 충실하자면 복지국가운동에 당연히 한몫을 해야 한다. 사회복지계가 그간 가졌던 구태를 벗고 스스로 변혁의 담지자를 재생산하고 한국 사회의 미래를 위한 역동적인 집단으로 거듭나기 위해 복지국가운동이 필요하기도 하다.

결국 한국 사회를 복지국가로 만드는 일은 결코 단기간에 간단히 행해질 수 없는 일이요, 매우 지난한 과정을 거쳐가야 하는 힘든 일이지만, 이 시대에 살고 있는 깨어 있는 시민들의 역사적 책무요 시대적 당위로서 결코 포기할 수 없는 일이기도 하다.

6. 한국의 민주주의와 복지국가

한국이 유럽의 복지국가에서 배울 점이 있다. 스칸디나비아 국가들을 보면 사회보장과 평등이 국민들의 행복과 연결돼 있다. 신뢰와 연대 의식이 매우 높은 사회다. 한국도 매우 동질적인 사회라서 사회보장제도를 건설하기에 좋다. 사람들이 서로 신뢰할 수 있기 때문이다. …… 복지국가는 민주주의의 질quality과 관련된 문제다. 적절한 수준의 복지국가 체제가 없다면 어떠한 좋은 현대 민주주의도 유지될 수 없다.

- 볼프강 메르켈(베를린사회과학연구원 소장),
『한겨레신문』 2011. 7. 19 대담 기사 중에서

5·18광주민주항쟁도 벌써 30주년이 지났다. 아직도 5·18의 민주항쟁으로서의 의의를 인정하지 않으려는 우리 사회 내의 일정 세

력이 존재함을 느끼는 30주년이었다는 점에서 무거운 마음을 갖기에 충분하다. 이런 무거운 마음은 5·18민주항쟁의 그 '민주화'의 가치가 오늘날 우리 사회에서 얼마나 살아 있는지를 더욱 철저히 성찰케 한다.

1980년 5·18광주항쟁의 비극이 1987년 6월 시민항쟁으로 이어지면서 거세게 일어난 민주화의 열풍은 군부독재를 종식시키고 민주화된 정치 지형을 만들어가는 중요한 기반이 되었고, 노동운동과 각종 시민운동의 분출을 낳는 계기가 되어 이후 민주화 과정의 견인차 역할을 하였음은 주지의 사실이다. 그러나 과연 우리나라는 얼마만큼 민주화된 사회일까 자문하지 않을 수 없다. 특히 적어도 현 정부가 들어서기 전까지만 해도 민주화라는 시대정신이 세계화, 선진화 등으로 자연스레 전환된 것으로 치부하고, 민주화 세력도 그 역사적 소임을 다하였다고 생각한 적이 없었는지 자문해야 한다는 것이다.

민주화란 무엇일까? 한마디로 민주화의 핵심은 사회 구성원에게 권력을 골고루 배분하는 것이라고 요약할 수 있다. 이런 측면에서 한국을 민주화된 사회라고 부를 수 있다면 그것은 민주화를 정치적 민주화로 국한하여 해석할 때만 가능하다고 할 수 있다. 물론 아직도 정치적 민주화마저 완전하지 않다는 견해가 있는 것도 사실이다. 그러나 민주화의 개념을 확장해보면 경제적·사회적 권력이 어떻게 배분되는가에 따라 경제적 민주화와 사회적 민주화의 단계가 있다는 것을 알 수 있다. 현재 우리 사회에서 폭넓게 인정되고 있는 경제·사회 양극화의 심화 양상은 우리 사회가 적어도 경제·사회적인 민주화에 있어서는 아직도 후진적이라는 것을 잘 드러낸다.

민주화와 대비되는 속성을 '권력의 비대칭적 편재'라고 볼 때 경제·사회의 양극화야말로 경제적·사회적 권력이 비대칭적으로 편재하고 있음을 보여주는 것이며 따라서 우리 사회의 비민주화성을 입증하는 가장 강력한 증거가 될 것이다.

산업 간 양극화, 기업 간 양극화, 노동시장의 양극화 등으로 대변되는 경제적 양극화는 그동안 우리 경제가 재벌 위주의, 수출 위주의, 전략적 소수 산업 위주의, 그리고 관치금융 위주의 성장 전략을 오랫동안 펴왔다는 것에 기인하는 면이 크다. 결국 이러한 왜곡된 경제구조는 IMF 경제위기를 맞아 근본적인 체질 개선 없이 신자유주의 경제정책에 따라 오로지 시장에 의한 구조조정만 고집하게 되는 결과를 낳았고 그 결과 IMF 경제위기의 터널을 빠져나오자 다시 고질적인 경제 부문의 '이중성'의 심화로 이어지며 또한 산업 간, 기업 간 '분절성'의 심화가 재현되고 말았다.

사회적 양극화는 GATT체제라는 보호무역주의를 등에 업고 국내외 자본을 총동원하여 오로지 양적 경제성장만 추구해온 우리나라의 40년간의 성장사成長史가 초래한 필연적인 결과이기도 하다. 소득재분배의 사회적 기제를 극히 부실하게 취급한 원죄로 인해 소득에 있어서의 양극화가 지속되고, 이에 따라 의료와 교육, 주거, 정보…… 등의 다양한 소비생활에서도 양극화가 심화되고 있는 것이다. 특히 이렇게 미흡한 재분배 기제와 낮은 사회임금 수준은 우리 사회를 오로지 자신과 가족의 능력에 의해 생계와 기본적인 생활 조건이 좌우되는 지극히 원초적인 사회로 만들어버렸다.

결국 이러한 경제·사회 양극화의 심화는 이제 우리 사회가 총체적 붕괴를 향해 달려가고 있다는 우려를 자아내기에 충분하다. 특히 가장 심각한 것은 경제적 양극화로 인한 '노동의 배제'가 사회적 양극화로 나타나 중산층을 점점 붕괴시키며 빈곤층을 양산하여 끝내는 성장의 기반을 허물어버리는 결과를 낳을 수 있는 상태까지 도달한다는 사실이다.

그러나 또 다른 엄연한 현실은 이러한 경제·사회의 양극화를 진정시킬 복지국가 체제의 구축이 아직 멀기만 하다는 것이다. 그리고 시장에서의 자유경쟁과 사적 소유 원리를 기본으로 하는 자본주의하에서 국가의 개입과 인위적인 재분배를 특징으로 하는 사회복지를 발전하게 하는 추동력이 한국 사회 내에는 극히 미약하다는 것이다.

이러한 복지국가 추동력의 미비는 오랫동안 우리나라 복지 제도를 시혜적인 성격으로, 정부에 의해 일방적으로 주어지는 후진적 모습으로 만들고 말았다. 또한 어찌 보면 민주화 세력들도 독재 정부에 항거하는 정치적 민주화를 위해 몸을 던졌을 뿐, 우리나라를 복지국가로 만들어야겠다는 경제사회체제에 대한 담대하고도 구체적인 비전을 갖지 못했음을 솔직히 고백해야 한다. 그러하기에 우리나라가 오늘날과 같은 복지 후진국으로 머문 것은 민주화 세력의 한계를 반증하는 것임을 인정해야 하며, 바로 이 지점이 오늘 우리 모두가 다시 한번 반성해야 할 지점이 아닌가 생각한다.

앞의 2부에서도 언급했듯이 오늘날 우리 사회는 산업화 사회에서 소득 중단을 유발하는 각종 위험 요인, 이른바 구사회적 위험에 대해서도 제대로 된 방어막을 형성하지 못하고 있다고 평가된다. 그러나 이미 우리 사회가 지식기반사회, 정보화사회, 개방사회, 노령사회 등으로 급속히 편입됨으로써 우리는 이른바 신사회적 위험을 동시에 해결해야만 하는 상황이다.

이런 과정에서 경제·사회적 민주화는 더욱 험난한 과제가 될 가능성이 농후하다. 5·18민주항쟁에서 동력을 얻고 6월항쟁으로 본격화된 민주 사회로의 거대한 진전 역시 매우 힘든 사회적 발전 과정이었음을 인정하지 않을 수 없다. 그러나 우리 앞에 놓인 경제·사회적 민주화의 과정은 어쩌면 그 과정보다도 더욱 고통스럽고 힘든 것일 수 있다. 선명한 타도 대상이 없고 선과 악의 명확한 대립 구도도 없다는 점에서 그렇다. 때로는 차악次惡의 선택만이 가능하거나, 계층과 집단 간의 이해가 상충할 수도 있다. 사회·경제적 제약 요건으로 인해 매우 더디고 점진적인 진전에 갈급한 마음은 더욱 분노할 수도 있다.

그러나 정치적 민주화는 경제적 민주화와 사회적 민주화로 완성되어야만 우리 사회의 진정한 민주화의 역사가 완성된다는 점에서 경제적 민주화와 사회적 민주화는 아무리 힘들지라도 가지 않을 수 없는 길이다. 또다시 우리 역사의 진보를 믿고, 우리 민중에 대한 신뢰감을 회복하여 새로운 민주화의 기념비를 만들어야 한다.

이제 사회복지는 더 이상 체제의 모순 폭발을 지체시키는 존재도 아니요 일부 빈곤 계층에게 국가가 던져주는 시혜물도 아니다. 사회복지는 우리가 살고 있는 이 땅을 좀 더 인간답게 살 수 있는 세상으로 만들기 위해 반드시 발전시켜야 하는 필수물이 되고 말았다. 아직도 성장과 복지를 이분법으로 나누고 선先성장, 후後분배의 신화에 함몰된 이들이 많다면 우리에게는 신성한 복지의 주권이 허락되지 않게 된다.

21세기 우리 사회는 복지 없는 성장이어서도 안 되고, 성장 없는 복지여서도 안 된다. '복지를 위한 성장' 그리고 '성장과 함께하는 복지'를 실현하여 민주화의 마지막 장을 마무리해야 할 것이다.

7. 복지국가와 진보

> 마지막으로 나는 또한 1945년 이후의 정치적 안정이 마련해준 보호와 격려의 문화 속에서 자라났다. 나는 복지국가의 자식이었다. 국가에서 주는 오렌지 주스를 마시고, 예방접종을 받았으며, 국가에서 마련해준 주택에서 살았다. 나는 교실로 매일 배달되는 3분의 1파인트pint짜리 우유를 당연한 것으로 여겼다.
>
> \- 제프 일리, 『The Left』(2002) 중에서

자칭 타칭 진보라 불리는 진영에서 복지국가에 대한 논쟁이 제법 무르익어가고 있다. 역동적 복지국가를 위시하여 공정한 복지국가, 삼차원 복지국가, 생태적 복지국가, 심지어 보수 진영에서까지 따뜻한 복지국가를 이야기할 정도이다.

이러한 흐름 가운데는 대담하게 보편주의에 입각한 복지국가를

만든다는 기조가 상당히 깔려 있다. 특히 지방선거를 전후하여 펄럭거렸던 무상급식, 그리고 그러한 정책의 골간으로 대중적으로 회자된 보편적 복지의 담론이 상당 정도 영향을 미쳤다고 본다.

사실 보편적 복지가 무엇을 말하는 것인지에 대해서는 학술적으로는 많은 논란이 있다. 윤홍식(2010)이 정리한 바와 같이, 보편적 복지는 가장 극단적으로는 모든 시민에게 급여가 제공되는 것을 뜻한다는 견해(Raitano, 2008)가 있고, 노동시장에 참여하는 사람에 대한 사회보험제도의 포괄 정도로 보편주의를 정의하자는 견해(Scruggs and Allan, 2006)도 있다. 아예 특별한 제도로 판별하기보다는 전체 소득이전에서 빈곤층이 받는 이전소득의 비율인 수직적 지출 효과성Vertical Expenditure Efficiency(VEE)을 지표로 하여 보편주의의 정도를 판별하자는 견해(Abe, 2001)도 존재한다.

그러나 2장에서 보편주의와 선별주의 논의를 통해 살펴보았듯이 현실 정책에서 갖는 의미를 생각하면, 보편주의는 선별주의(또는 잔여주의)와 구별하여 사용되고 있으며, 반드시 모든 사람을 포괄하는 개념이라기보다는 "광범위한 인구를 포괄하는 것broad population coverage"으로 정의된다고 하겠다.

결국 보편주의는 소득 조사(또는 자산 조사) 없이 성, 연령, 가족 형태, 고용 유무 등에 따라 특별한 욕구가 있다고 판단되는 집단이라면 그에 속하는 모든 사람에게 복지 급여의 자격을 부여하는 것으로 정의할 수 있다.

한편 길버트는 보편적 복지와 선별적 복지를 〈표 21〉과 같이 명확하게 정리하고 있기도 하다.

〈표 21〉 보편적 복지와 선별적 복지

구분	보편주의universalism	선별주의selectivism
원리	· 급여는 사회적 권리로서 모든 사람에게 주어져야 함 예) 노인을 위한 사회보장 급여, 청소년을 위한 공공 교육	· 급여는 개인의 욕구에 기초하여 주어져야 함 예) 빈민을 위한 공공 부조, 공공 주택
가치	· 사회적 효과성	· 비용 효과성
사회정책	· 사회 구성원 모두가 당면하는 문제에 대한 사회 전체의 대응 예) 사회보험, 공공 교육, 노인을 위한 의료 서비스	· 개인적 욕구에 근거를 두고 제공되며 자산 조사에 의해 결정 예) 헤드 스타트, 직업훈련 제공
장점	· 인간의 존엄성과 사회 통합을 유지 · 포괄적인 서비스나 광범위한 예방 프로그램들이 보다 큰 문제를 예방 · 정치적 이점 * 비용 효과성(자산 조사 불필요 등) * 소득재분배 효과(조세를 통한 급여 환수tax back)	· 전체적인 지출 감소 · 가장 욕구가 큰 사람에게 가용 재원 집중 가능(중산층의 정치적 압력 회피) * 사회적 효과성: 욕구가 있는 사람에게 표적화된 급여는 긴장과 적대감을 조장하는 사회의 불평등을 감소시킴

〈표 21〉에서 보는 바와 같이 보편주의와 선별주의는 뚜렷이 대비된다. 즉 보편주의는 사회적 권리에 기저를 두고, 사회 구성원 모두가 직면한 문제에 대한 사회 전체의 대응이란 의미를 지니고 있어 포괄적인 서비스나 광범위한 예방 프로그램들이 해당되며, 선별주의는 개개인의 욕구에 의해 급여가 지급되며 특히 자산 조사에 기초하고 있고 욕구가 가장 큰 집단에게 가용 자원을 집중하게 된다.

일반적으로 보편주의는 사회적 효과성에, 선별주의는 비용 효과성에 장점을 가지고 있지만, 반드시 그렇지만도 않아서 보편주의는 자산 조사 등이 불필요하다는 점에서 비용 효과적이며, 선별주의는 표적화된 급여를 통해 사회적 긴장과 적대감에 효과적으로 대응할 수 있다는 점에서 사회적 효과성을 지니고 있기도 하다.

그러나 서구 복지국가들의 경로를 볼 때, 결국 보편적 복지를 주조로 삼게 되는 주원인은 이것이 폭넓은 연대를 형성할 수 있어 정치적인 헤게모니를 획득하는 데에 용이하다는 것이다. 종래의 복지국가 지지 계급인 노동자층만이 아니라 농민, 자영업자, 여성, 노인층 등 다양한 계급 및 계층 간에 연대감을 조성할 수 있고 심지어는 탈계급적 요소를 갖고 있어 광범위한 지지 기반을 만들어낼 수 있다는 것이다.

물론 그렇다고 모든 정책이 보편주의에 기반할 수 없는 것이어서 서구 복지국가들은 막대한 재정 확보의 부담을 덜기 위해 보편주의를 기조로 내세우면서도 사실은 선별주의적 정책들을 결합시켜 정책의 실현 가능성과 사회적 목표의 충족도를 높여왔다.

그런데 보편주의를 실현한다는 것이 그리 간단치는 않다. 주은선(2010)은 이론적인 측면과 현실적인 측면으로 나누어 보편주의의 위험성을 다음과 같이 지적하였다.

우선 이론적으로 보편주의는 첫째 평등한 시민권을 촉진시키지만 사실은 국가적 가부장주의의 성격을 가진다는 점에서 아이러니한 제도라는 점, 둘째 정액의 보편주의적 급여는 모든 시민이 노동시장에 참여하는 완전고용 사회에서는 유효하지만 오늘날과 같은 만성적 불완전고용 시대, 고용 없는 성장의 시대에는 오히려 잔여적 제도의 필요성이 더 높아진다는 현실을 간과한다는 점, 셋째 한부모 가구의 증대, 다문화주의 등 새로운 욕구와 다양성에 근거해 차별적인 욕구를 가진 다양한 인간 존재를 동일한 집단으로 보고 접근한다는 점에서 문제의 소지가 다분하다는 것이다.

또한 현실적으로도 보편주의는 몇 가지 난점에 직면한다.

첫째, 보편주의가 진보 진영만의 무기는 아니라는 점이다. 이미 노무현 정부하에서 한나라당이 기초연금을 이야기하였고, 현재 대담한 보편적 복지 정책을 보수 진영에서 들고 나올 것이라는 점을 고려할 때 과연 보편주의가 진보와 보수를 구분하는 지점이 될 수 있겠느냐는 것이다.

둘째, 오늘날과 같은 금융위기하의 재정적 제약 상황에서 보편주의적 정책 구사는 상당한 재정 압박에 현실적으로 직면할 수밖에 없기 때문에 보편주의가 대중정당의 실제 정책 수단이 되기 어려운 점이 있다는 것이다.

셋째, 보편주의의 전략은 전국적 차원의 전략으로서는 타당하지만 2010년 6·2 지방선거 이후의 상황처럼 지방정부 차원의 전략으로 가기에는 현실적인 어려움이 많다는 점이다.

결국 요약하면 보편주의가 잘못하면 대중에게 실망스러운 모습만을 안겨주게 되어 오히려 진보 진영의 무덤이 될 수도 있다는 뜻이다.

과연 진보 진영은 이런 가능성에 대해 진지한 성찰을 하고 있는가? 사실 민선 5기 지방선거 이후 소위 보편적 복지를 내세운 정당들에 의해 지방정부 권력의 장악이 이루어진 곳에서 무상급식 외에 보편적 복지정책으로서 평가할 만한 별다른 성과를 내지 못한다면 보편적 복지에 대한 국민들의 실망감이 커져 진보 진영은 커다란 불신의 늪에 빠질 수 있다.

그러나 분명한 것은 현재 우리 사회의 복지정책의 기조와 국민의 인식 속에 깊게 뿌리내린 잔여주의의 기조를 일거에 전환시키는 기제로서 보편주의가 갖는 효력은 상당하다는 점이다. 점증주의에 입각하는 한, 또는 재정의 한계 내라는 현실 인식을 수용하는 한 서구가 100년간에 걸쳐 만들어낸 진보 정당의 성과를 한국 사회가 따라잡는 것은 현실적으로 불가능하다.

무상보육, 보호자 없는 병원, 도시 보건지소의 설치, 농촌 복지의 보편적 서비스 체계 확립, 장애인 이동권 보장, 실질적 무상교육…… 등 거론되는 정책 사례를 선택과 집중을 통해 하나씩이라도 관철시켜나가는 전략은 현실적으로도 무리한 것은 아니다.

그러나 결국 보편적 복지의 문제는 현재의 정치권이 이런 정도의 상황 인식을 하고 있느냐, 이를 위한 최소한의 의지라도 불태울 수 있겠느냐, 그리고 현실적으로 이를 집행할 역량이 있느냐의 문제로 수렴되고 만다. 이마저도 자칭 진보라고 부르는 정치 세력과 정치인이 할 수 없다면 보편적 복지는 그야말로 독배가 아닐 수 없을 것이다.

독배毒杯냐, 성배聖杯냐? 이것은 결국 진보 진영의 몫이고 진보 진영이 어떤 성과를 내느냐에 따라 한국의 정치 지형은 물론 복지 국가로 가는 지형 역시 결정적인 영향을 받게 될 것이다.

8. 우리에게 스웨덴 모델은 가능한가?

스웨덴에서 다섯 명의 자녀를 둔 직장 여성은 매월 103만 원의 아동수당을 받고, 어린이집을 거의 무료로 이용하며, 7년 6개월간 월급의 80%를 받으면서 육아휴직을 사용할 수 있다.

- 박승희 외, 『스웨덴 사회복지의 실제』(2008) 중에서

스웨덴의 복지 정책은 '변화하는 복지'로 요약할 수 있다. 시대 환경에 맞춰 부단히 복지 정책이 변천했다는 의미다. 스웨덴은 작은 정부와 자유경쟁 원리를 활용한 덕분에 1950년대에 유럽 제1의 부국으로 발돋움했다. 이때부터 복지 확대를 위해 동일노동 동일임금 원칙, 근로자의 경영 참여 허용 등 노동 시장에 각종 규제가 도입됐다. 필요한 재원은 높은 법인세와 기업의 사회보장세로 충당했고, 국민 부담도 급증해 90년대에는 조세부담률이 50%를 훌쩍 넘어섰다.

- 『한국일보』 2011. 8. 15 기사 중에서

위의 글은 스웨덴 복지의 현 수준을 잘 보여주고 있다. 한국의 경우는?

아동수당은 아예 없다. 2006년경 노무현 정부에서 국무총리가 주도하여 노·사·정·시민사회가 모여 사회적 합의 기구인 '저출산·고령사회연석회의'를 만들어 이 제도의 도입을 논의하였으나 예의 재정 조달의 어려움으로 실제적인 도입 결정을 끌어내는 데에 실패한 쓰라린 경험만을 갖고 있다.

육아휴직도 부실하기 그지없다. 스웨덴이 80%의 급여를 받으며 390일을 쓰고 나머지는 1일 정액으로 다시 90일을 사용하게 되어 있는 데에 비해, 우리는 육아휴직이 산전후휴가를 포함하여 1년이다. 산전후휴가 90일 동안은 월급을 받지만 나머지 기간은 50만 원 정액을 받는다. 그러나 결정적인 것은, 스웨덴의 휴가 일수는 노동일수를 기준으로 한 것이며 우리는 단순한 월력에 따른 것이어서 스웨덴의 실제 휴가 일수는 더욱 길다. 따라서 위에서 본 것처럼 5명의 아이를 출산한 경우 물경 7년 6개월이나 휴직을 할 수 있었던 것이다. 나아가 스웨덴은 배우자 중 한 사람(주로 남성)이 육아휴직 60일 이상을 반드시 사용하게 되어 있다. 이른바 남성 강제 휴가 사용제이다.

이뿐인가? 스웨덴에서는 아동이 12세가 되기까지는 60일간의 아동 간병 휴가를 받을 수 있다. 이때 월평균 소득의 80%에 해당하는 급여가 지급된다. 대한민국? 물론 아동 간병 휴가가 없다.

스웨덴에서는 이혼 시 양육비를 지급하기로 한 부모가 반드시 지급해야 하며, 이를 이행하지 않을 때 월 17만 원 정도의 양육비를 국가가 선지급하고 추후 그 부모에게 징수한다. 대한민국? 최근에 양육비 지급을 합의하지 않으면 이혼을 허락지 않는 제도를 근근이 도입했을 뿐이다. 이혼을 부부만의 문제가 아니라 아이들의 문제로 보는 시각이 막 싹트는 단계에 서 있을 뿐이다. 물론 이 부분에서 국가의 재정적 역할은 없다.

또한 스웨덴에 살고 있는 장애인과 노인에 대한 사회보장제도의 현실은 다음과 같이 표현된다.

"43세의 다운증후군 장애인은 24시간 도우미의 보호를 받으며 그룹홈°에서 생활하고 주간보호소° 등으로 출근하며, 월 122만 원의 수당을 받는다."(박승희 외, 2008: 94)

"스웨덴의 거의 모든 노인은 무상으로 치료를 받고 있으며, 매월 82~926만 원 상당의 복지 급여를 받는다."(박승희 외, 2008: 108)

우리나라 장애인과 노인의 현실은 역시 비교도 되지 않는다. 장애인의 경우 중증이면서 빈곤한 장애인에게만 제한적으로 제공하던 장애인수당을 2010년 7월부터는 장애인연금제도로 바꾸어 중증장애인들은 연금 형태의 급여를 받고 있는데, 2011년 현재 월 9만 1,000원이 기본이고 기초생활보장수급권 가구일 때는 6만 원을 추가하여 모두 15만 원 정도를 받는 것이 고작이다. 2011년 10월부터는 장애인자립생활지원제도를 시작했고 장애인장기요양보험제도도 논의되고 있지만 선진 국가들의 장애인 지원 정책과는 거리가 한참 멀다.

앞에서 여러 번 언급했지만 우리나라는 2008년부터 기초노령연금이 지급되고 있지만 그 수준이 매우 낮고, 장기요양보험도 노인 인구의 3.9%에게만 적용될 뿐이다.

그러나 결국 이러한 차이는 결과 자체의 차이라기보다는 본질적으로 두 나라의 사회적 기반의 차이에 기인한다.

스웨덴의 사무직노조(TCO)는 스웨덴 모델에 대해 매우 확신에 찬 언급을 하고 있다. 즉 스웨덴 모델은 결코 "무모한 모델이 아니"라는 것인데, 모든 정치적 집단이 동의하여 작동하고 있는 스웨덴 모델이란 네 개의 축으로 구성되어 있다고 한다. 첫째 강력한 노조, 둘째 유연한 노동법, 셋째 노동시장과 가족에 대한 사전 예방적 정책, 그리고 넷째 '보편적인' 복지 제도가 그것이다. 이것으로 인해 스웨덴은 높은 교육 수준, 협력적 관계 형성에 대한 사회적 수용, 높은 기술력, 평등한 기회, 투명성을 지닌 공공 부문, 견고한 사회 기반 시설, '우수한' 복지 제도, 상대적으로 적은 사회적 격차 등이 확보되었고, 이것이 스웨덴의 힘으로 그들 스스로 자랑스러워하는 것이다.

한국에서는 복지국가의 건설을 위한 기반이 아직 멀기만 하다. 노조의 존재는 성장 저해 요인으로 치부되고 있고, 해고의 유연성은 있지만 고용의 유연성이나 실업에 대한 안전망은 없다. 보편적 복지 제도 역시 유별난 복지병에 대한 우려와 성장 제일주의의 그늘에 가려 탄력을 받지 못하고 있다.

무엇보다도 한국에서는 복지국가의 추동 세력이 명확지 않다는 것이 복지국가의 미래에 있어 가장 우려스런 점이다. 노조도, 정치권도, 건전한 시민사회 세력도 아직 복지국가의 의제에 대해 높은 우선순위를 두고 있지 않아 복지 정치의 허약한 기반은 상당 정도 지속될 가능성이 있다.

심지어 이명박 정부가 미국식 권능형 복지국가enabling welfare society°로 치달으며, 한국 복지 제도의 골격을 민간 중심으로, 잔여주의적으로 더욱 공고히 할 가능성이 농후하다지만 이에 대한 견제 세력이나 대안 제시 세력도 뚜렷하게 부상되고 있지 않다.

결국 한국 복지국가의 미래는 이러한 미진한 여건 속에서 어떻게 복지국가의 추동 세력들을 규합하며, 국민의 의식 속에 복지의 중요성을 각인시키느냐에 달려 있다. 스웨덴 모델의 역사가 하루아침에 만들어진 것은 아니라고 위안할 수 있지만, 우리는 20세기와 21세기의 모순이 한꺼번에 존재하는 상황에서 서민의 삶이 붕괴되는 정도가 매우 심각하기에 마냥 시간을 낭비할 수가 없다.

스웨덴 모델과 한국 모델의 차이는 결과로 보면 매우 크지만, 결국 좁혀서 보면 복지국가 추동 세력의 유무에 있다고 볼 수 있다. '결과의 차이'를 보지 말고 '차이의 원인'을 보는 지혜가 요구되는 이유가 여기에 있다.

이런 인식을 전제로 과연 한국에서도 현존하는 인류 역사상 가장 높은 수준의 복지국가를 구현하고 있는 스웨덴 복지국가 모델이 유효한 것인가 묻지 않을 수 없다. 그리고 그에 대한 답으로서 우리 사회 일각에서 이른바 빅 스웨덴 모델big Sweden model을 거론하고 있다. 과연 그것이 타당한 판단일까?

이에 대한 답을 하기 위해 우리는 우선 향후 한국의 사회복지 발전을 전망하는 데에 있어 우리가 주목해야 할 주요한 환경을 생각해보지 않을 수 없다.

첫째, 사회적 위험의 복합적 전개를 들 수 있다. 앞에서 여러 번 언급했듯이 우리가 직면하는 사회적 위험은 구사회적 위험과 신사회적 위험 두 가지로 대별된다. 우리는 구사회적 위험에 대한 대응체계가 매우 부실하다. 국민 기본선의 확보를 위한 공공 부조 제도, 최소한의 위험 대처 방안인 사회보험 등의 내실화가 이루어지지 않은 상황이기 때문에 이에 대한 해결이 여전히 사회적 과제로 남아 있다. 그러나 이러한 상황에서 '신사회적 위험'이 급속히 대두되고 있는바, 구사회적 위험과 더불어 이중의 부담이 될 것이다.

둘째, 세계화·개방화에 따른 양극화가 가속화되는 것이다. 한미 FTA의 체결 등 다양한 형태의 개방 추세가 더욱 가속화될 전망이며, 앞에서 본 바와 같이 조세와 복지 제도를 통한 소득재분배 효과가 심각하게 저수준인 상태에서 개방화로 인해 국가의 부가가치가 증대하는 효과가 있다 해도 이것이 전 국민에게 골고루 돌아가는 것은 애초부터 어려운 일이다. 이에 따라 복지 부문에의 선제적인 투자와 제도 확대에 따른 양극화 저지 효과를 갖추어야 한다는 당위성이 도출되기도 한다.

셋째, 저출산·노령화에 따른 사회·경제적 변모가 전망된다는 점이다. 이로 인해 노동인구의 내포적內包的·외연적外延的 확대가 필연적인데, 여성, 노인, 장애인 등의 경제활동인구로의 편입 확대, 기존 노동인구의 노동생산성 증대 등을 위한 적극적인 노동시장 정책의 재편이 요구되며, 또한 인구 감소의 억제를 위한 출산 장려 정책, 이를 위한 일과 돌봄의 양립이 가능한 사회구조의 재편도 요구된다.

결론적으로 우리는 경제성장 때와 마찬가지로 복지국가를 압축적인 과정을 거쳐 빠른 시간 내에 높은 수준으로 구축해야 할 것이며, 이때 경제와의 선순환을 통해 지속 가능한 복지 체제를 구축해야 할 것이다. 이를 위해서는 앞에서 말한 바와 같이 보편적 복지와 능동화 전략으로 경제 부문의 혁신을 도모할 수 있는 역동적 복지가 핵심이 되어야 한다.

그렇다면 이렇게 보편적 복지와 능동화 전략에 따라 시급히 현실화되어야 하는 정책은 무엇이며, 이를 통해 궁극적으로 구현되는 복지국가상은 무엇인지를 살펴볼 필요가 있겠다.

정책적으로는 양극화를 진화하기 위해 3-fares 정책°이 조밀하게 기획되고 실행되어야 한다. 먼저 일자리 복지jobfare를 위해 국가가 정책적으로 노동시장에서의 사회적 일자리의 비중을 정하고 직·간접적 재정 투여와 유인책을 실행해야 한다. 특히 청년실업과 낮은 여성 고용률을 감안하여 이들이 노동시장에서 능동적으로 일할 수 있도록 공공 또는 준공공 영역을 개방하고 이들에게 다양한 일자리를 제공하는 전략은 필수적이다. 이때 복지와 보건, 교육 등의 분야에 늘어난 일자리는 국민들의 삶의 질을 향상시키는 한편 유효수요를 증가시켜 소비를 견인하는 이중 효과를 거둘 것이다. 물론 이 일자리는 저임금의 일시적 일자리가 아니라 안정된 좋은 일자리descent job여야 한다. 이렇게 하여 고용 인구의 3~5% 정도를 사회적 일자리가 담당함으로써 사회적 일자리가 현재 지나치게 많은 자영업 인력의 일부를 흡수하며 청년과 여성의 고용률을 높이는 효과를 낳을 것이다.

둘째는 현재 빈곤 계층에 제대로 다가가지 못하는 각종 사회보험과 공공 부조 제도의 한계를 극복하기 위한 수당 제도의 도입이 필요하다. 특히 아동수당 제도의 도입이 불가피하다. 그것은 아동의 사회적 양육이라는 사회연대의 철학을 구현할 뿐만 아니라 아동 양육에 대한 사적 부담을 경감시켜 출산에 대한 의지를 이끌어내는 데에 상징적, 실질적 효과를 지니고 있기 때문이다. 현재 이명박 정부에서 도입하고 있는 양육수당은 진정한 의미의 아동수당이라고 볼 수 없는데, 그 이유는 양육수당이 보육 시설을 이용하지 않는 가정에 대한 보전 수단으로서 동원된 제도이므로 오히려 공보육을 통한 사회적 양육의 철학을 와해시킬 수 있고 여성의 경제활동 참여를 억제하는 역작용을 낳을 수 있기 때문이다. 이 외에도 비교적 최근 시작된 장애인연금이나 기초노령연금 등 일종의 사회수당 제도를 현실화시키되, 특히 기초노령연금의 경우 노후 소득보장의 기본 수단으로서 국민연금 가입자의 평균 소득 대비 10~15% 수준까지 빠른 속도로 상승시켜야만 그 실효성을 확보할 수 있을 것이다. 더욱이 이 제도를 국민연금 가입 시의 최저 소득 보장 연금제도와 함께 시행한다면 국민연금제도의 가입률을 끌어올리며 고령화 시대의 대비책으로서도 의의를 갖추게 될 것이다.

셋째, 현재의 건강보험 보장률을 높이는 것이 필요하다. 현재 60% 초반의 보장률로는 국민들의 의료보장 기능을 수행하는 데에 미흡하기에 이를 OECD 평균 수준인 80%까지 끌어올리기 위한 방안이 강구되어야 한다. 우리나라의 의료 환경 특성상 무상 의료체계로 가기는 쉽지 않으므로 현재의 건강보험 보험료 수입과 국가재정의 분담 비율을 유지하면서도 보장성 강화를 전제로 한 재원을 확보하여 국민들에게 신뢰성 있는 정책을 제시한다면 충분히 가능한 상황이 될 것이다. 현재 '건강보험하나로운동'에서 보여주는 방식이 그 예인데, 정부가 오히려 의료의 산업화를 기치로 민간영리보험의 영역을 확대하여 국민의 출혈을 강요하고 궁극적으로 보장성을 떨어뜨리는 데에 앞장서는 일은 당연히 중단될 필요가 있다.

넷째, 국민연금이나 건강보험의 개혁도 필요하지만 현재로서는 고용보험도 분명한 제도 개혁이 필요하다. 고용보험이 학습 복지learnfare와 일자리 복지를 주도할 수 있을 정도의 급여 기준을 만들어내야 하는 것이다. 즉 실업급여 기간을 늘리고, 청년실업자에게도 실업부조 또는 선先실업급여 후後보험료 납부와 같은 제도를 제공해야 한다. 또한 적극적인 직업훈련을 실시하고 이를 일자리와 연결할 수 있도록 전달 체계를 강화하며 복지의 전달 체계와 통합적 구조를 만들어나가야 한다.

다섯째, 기초생활보장제도의 대대적 확충이 도모되어야 한다. 현재의 기초생활보장제도는 국민의 극히 일부만을 지원하고 있고 매우 두터운 사각지대를 방치하고 있으므로, 사각지대의 노인 가구, 장애인 가구, 한부모 가구 등에 대한 개별적인 급여나 적절한 지원 제도를 치밀하게 설계하고 운영하여야 한다. 따라서 기초생활에 대한 보장이 이 제도를 통해서 이루어질 수 있도록 부양의무자 기준의 완화, 가구 특성별·지역별 최저생계비의 차등 설정, 개별 급여의 도입 등 적극적인 개선책을 서둘러야 한다.

여섯째, 전달 체계의 혁신이 필요하다. 그러나 전달 체계의 핵심은 복지의 공공성을 담보하는 것이다. 현재 복지 서비스의 공급은 주로 민간의 비영리법인이나 개인들에 의해 이루어지고 있는데, 여기서 더 나아가 영리를 추구할 수 있는 기업들이나 개인들이 계속 진입하는 것은 궁극적으로 복지 부문의 비효율성을 초래하게 된다. 오히려 지금의 민간 중심으로 구성된 공급 주체를 바꾸어 국가나 지방정부가 설립한 시설의 비중을 30% 내외로 끌어올려야 한다. 이는 앞에서 이야기한 사회적 일자리 창출과도 연계되며 이 분야의 공공 종사 인력의 양적 확대를 동반하게 된다. 이런 관점에서 보면 현재의 바우처 제도 확대나 영리화 추세는 재검토되어야 하며, 그 대신 공공의 성격을 지닌 주체가 권위주의나 관료주의 등의 폐해에 빠지는 것을 막기 위해서는 통합적 서비스 체계나 내부 경쟁 시스템 등이 보완적으로 도입되어야 할 것이다.

이제까지 복지국가 한국을 건설하기 위해 필요한 몇 가지 대표적인 제도 도입이나 제도 혁신의 예를 제시하였다. 결국은 가족 구성원의 양육과 부양을 위해 보편주의에 기초하여 운영되는 사회수당과 사회보험, 그리고 복지 서비스 제도를 중심축으로 하고, 사회 구성원 한 사람 한 사람의 자립적인 생활을 지지하도록 고용과 교육 부문을 치밀하게 결합해야 한다. 여기에 중산층 이상을 위한 소득 비례적 성격의 제도와 빈곤 계층을 위한 선별주의적 성격의 제도를 결부시키면 복지국가의 기본 틀은 완성될 것이다.

그러나 여기서 관건이 되는 것은 보편적 복지와 능동화 복지를 결부한 복지 체제는 결국 높은 수준의 급여를 실현하기 위해 높은 수준의 부담을 동반하게 된다는 점이다. 이러한 복지 체제를 만들기 위해서 우리나라는 현재 조세부담률에 비해 복지 지출 수준이 낮은 이른바 '중부담-저급여' 체계에서 향후에는 '고부담-고급여'

체계로 전환해야 한다. 따라서 스웨덴 모델의 수용 가능성을 긍정적으로 인식할 필요가 있다. 물론 오늘날 스칸디나비아 국가들이 비교적 소小경제권이며, 지정학적 특징이나 유럽의 정치적 특수성, 독특한 이념적 지형 등을 갖고 있었다는 점에서 21세기 한국이 이를 그대로 답습할 수는 없다. 하지만 적어도 노동과 자본 간의 사회적 합의 과정을 원숙하게 구축해왔고, 복지 정치에서도 사민당과 보수당이 정치적 이해 대변자로서의 역할에 충실했으며, 경제적 위기를 복지 부문에 대한 적극적 활용으로 극복해왔던 경험 등은 우리에게 시사하는 바가 많다. 우리가 이를 분석, 검토하여 우리의 정치, 경제, 사회 환경의 특성을 잘 반영해나간다면, 이른바 빅스웨덴 모델이라 불리는, 한국적 상황에서의 높은 수준의 복지국가상을 만들어가는 것에 비관적일 필요는 없을 것이다.

나가는 글: 복지국가의 시작과 끝은 시민!

최근 우리 사회에서 복지국가에 대한 풍성한 논의가 진행되고 있다. 보편적 복지냐, 잔여적 복지냐를 두고 치열한 논쟁이 정치권을 중심으로 벌어지고 있으며, 복지 재원의 확보 가능성을 두고도 논란이 뜨겁다. 크게 보면 이러한 논란마저도 우리 사회가 복지국가로 가기 위해 당연히 거쳐야 하는 통과의례다.

이제까지 복지 교과서와 몇몇 지식인의 머릿속에 박제(?)되어 있었던 복지국가라는 용어가 정치권과 시민사회, 그리고 일반 시민들에게 생명력 있는 용어로 다가가기 위해서는 이처럼 뜨거운 논쟁과 논란을 당연히 거쳐야 할 것이다. 아직도 우리 사회 내에 복지국가에 대한 올바른 인식이 자리 잡히기 위해서는 가야 할 길이 멀다.

복지국가. 이는 분명 국가의 상像과 운영 원리에 대한 것임에 분명하다. 그러나 이러한 복지국가는 누구에 의해 성립되는 것인가? 정치인? 관료? 명망가? 지식인? 노동단체? 시민단체?…… 그 답은 복지국가의 이념과 원리에 공감하는 국민들이다. 그리고 거기에 참여민주주의가 있다.

책임 있는 민주적 시민들은 대의민주주의에만 의존하지 않고 자신들이 직접적이고 자발적인 참여를 통해 사회의 발전에 기여한다. 즉 자치自治의 원리와 정신이 복지국가를 구현하는 길에 숨겨진 진실이기도 하다.

결국 복지국가의 생명력은 생존권을 보장하기 위한 확고한 제도적 장치와 그 제도의 경성화를 막는 자치 정신, 두 가지로 압축된다고 볼 수 있다. 흔히들 복지국가를 이야기할 때 전자만을 떠올리며 다양한 복지 제도와 정책의 확장만을 생각하게 된다. 현재 한국사회에서 진행되는 복지국가에 대한 논란도 사실은 이 부분에 집중되어 있다. 그러나 복지국가가 단순히 국가로 하여금 다양한 복지 제도를 구축하게 하고 국민총생산의 20~30%에 해당하는 재원을 그 제도에 쏟아붓는 것만으로 실현된다고 보면 이는 커다란 오산이다. 복지국가의 진정한 힘은 이렇게 큰 비중을 차지하는 각종 제도가 권위적 제도에 의한 일방적 시책으로 굴러가지 않게 하는 국민의 힘에서 나온다.

실제 복지 제도의 목적 자체가 개개인들이 생활상의 기본 욕구를 해결하지 못하거나 못할 가능성이 있을 때 이를 사전 또는 사후에 가장 알맞은 형태로 공공의 개입을 통해 해결해나가는 것이라고 본다면, 각 개인의 욕구를 파악하는 것에서부터 그 욕구를 충족시키는 수단을 선택하고 그 선택의 결과가 어떤 성과를 내는가를 판단하는 전 과정에서 개개인들의 의사가 존중되고 그 특성들이 반영되는 것이 무엇보다도 중요하다. 이런 점에서 특정 복지 제도가 표적화targeting하고 있는 특정 계층이나 특정인들의 자치 정신은 매우 중요하게 빛을 발하게 된다. 만일 그들 계층이나 개개인이 스스로의 위상을 제도의 대상으로만 잡고 있을 때 그들은 그야말로 공급자인 정부나 복지 기관들의 '대상자clients'가 되어버리고 말며, 이러한 일방적인 관계가 고착되면 공급자의 시각으로 경직화된 복지 제도는 시민들에게 하나의 '강제'가 되고 급기야 '폭력'으로 발전할 수도 있다.

이러한 강제와 폭력이 가져올 수 있는 왜곡을 풀어내는 방법이 자치 정신과의 결합이라고 본다. 우선 국가적 차원에서 거시적으로 자치 정신이 발휘되도록 제도화한 것이 다양한 양태로 존재한다. 그 대표적인 예를 현재 우리나라의 제도 운영 과정에서도 몇 가지 거론할 수 있는데, 바로 복지 제도 운영에 결부되어 있는 위원회 구조라고 할 수 있다. 국민연금에는 국민연금심의위원회와 국민연금기금운용위원회가, 건강보험에는 건강보험정책심의위원회와 건강보험재정운영위원회가 설치, 운영되고 있다. 이러한 각종 위원회는 각 제도의 핵심 사항을 심의, 의결하는 기능을 갖고 있고, 이 과정에 그 제도의 표적 집단의 대표자들이 참여하는 구조인 것이다. 국민연금기금운용위원회는 가입자들과 사용자들로부터 각출하여 쌓아놓은 연금 기금을 놓고 그 운용의 최고 의사 결정을 내리는 기구로 잘 알려져 있다. 1999년 국민연금법이 개정되면서 기금운용위원회의 20명에 이르는 위원 중 가입자와 사용자 대표가 과반수를 넘도록 규정함으로써 가입자들의 의사가 실제적인 결정력을 갖도록 하는 획기적인 개선을 이루기도 했다. 지금은 바뀌었지만 건강보험제도도 주로 가입자와 사용자의 대표들로 구성된 재정운영위원회에서 보험료 수준을 결정하던 때도 있었다. 이러한 운영 제도는 제도 운영을 위한 재정 부담이나 제도 자체의 운영과 관련하여 가입자들이 주체적으로 참여하고 의사 결정을 하는 일종의 자치 정신이 발휘되는 것이라고 할 수 있다.

그러나 한국 사회에는 이러한 거시적인 복지 제도의 운영 차원에서 발휘되어야 할 자치 정신이 충분한 성과를 거둘 만큼 아직 성숙되어 있지 않다는 점은 상당히 뼈아픈 현실이다. 대개의 위원회들이 위원 구성부터 정부의 임의 선택권에 휘둘리게 되고, 이렇게 해서 참여한 위원들은 자신이 대표해야 할 시민들의 의사를 대변할 의지도, 책임감도, 심지어 최소한의 전문성도 없는 경우가 허다하기 때문이다. 국민연금기금운용위원회는 회의 결과의 속기록을 토씨 하나 빼지 않고 공개하고 있는데, 이를 통해 확인되는 가입자 대표들의 발언 내용은 유감인 경우가 많다. 국민연금제도 운영과 관련하여 자신들의 대표성이 갖고 있는 무게감과 의미를 상실한 위원들이 하나둘이 아니라는 사실 앞에서 자치 정신은 실종되고 마는 것이다. 이러한 허술한 제도 운영을 볼 때 거시적 제도 차원에서의 자치가 진정으로 확보되는 길을 시민사회가 더욱더 고민해야 할 필요성이 커진다.

한편 이러한 거시적 차원의 참여와는 달리, 시민 스스로가 직접적으로 복지 제도나 프로그램에 참여하고 그 성과를 공유하는 자치의 정신이 좀 더 실감나게 부각되는 장이 있다면 그것은 지역사회 차원에서의 자치일 것이다. 복지국가의 기본 이념인 인간의 존엄과 정의, 사회연대의 정신이 자기 삶의 현장인 지역사회 안에서 구현되도록 하는 것이 결국 또 다른 핵심인 것이다.

최근 복지의 지방분권이 강화되어 각 기초자치단체마다 지역사회복지협의체가 구성되어 민과 관이 함께 복지 분야의 주요한 정책 사항을 논의하기도 하며, 분권교부세제도의 활용으로 복지 재원의 배분이 지역사회 안에서 이루어지게 됨에 따라 지역 주민들의 자치 의식이 실제적인 성과를 낼 수 있는 최소한의 여건이 마련되었다고 볼 수 있다. 또한 단순히 복지 분야에만 국한된 것은 아니지만 참여예산제도의 법제화로 인해 예산 편성에 있어 주민들의 참여가 보장된 것은 매우 중대한 자치 정신의 구현 수단이 확보된 것이라고 할 수 있다. 심지어 지역사회에서 활동하는 복지 기관에도 주민들이 포함되는 운영위원회를 두게 되어 있고, 이를 통해 주민들이나 표적 인구 집단의 대표들이 시설의 운영이나 프로그램의 진행에 대해 함께할 수 있는 구조를 갖게 된 것도 자치 의식을 발휘하는 좋은 통로가 된다고 할 것이다.

국가 단위에서의 참여가 중요하기는 하지만 추상적일 수밖에 없어 그 실행력과 성과를 담보하는 것이 쉽지 않은 것에 비해, 기초자치단체의 행정적 범위 또는 다양한 형태의 생활 권역 등으로 표현되는 지역사회에서의 참여는 그 방식도 구체적이고 그 성과에 대한 확인도 가시적인 면을 가지고 있다는 점에서 자치 정신의 구현을 논하기에 매우 적절하다.

그러나 불행하게도 지역사회 내의 복지 증진을 위해 현재 확보된 최소한의 자치 구조가 잘 작동되고 있다는 증거는 많지 않다. 지역사회복지협의체는 단체장의 형식적인 운영과 성의 없는 민간위원들의 참여로 겉도는 경우가 태반이며, 몇몇 지자체에서의 참여예산제도 운영 성과도 성공적으로 보고되는 예가 많지 않았다. 참여정부에서 시도된 민민네트워크도 관이 주도한 관제화된 또 하나의 타율적 조직을 만든다는 비난이 있었던 것이 사실이다. 복지시설의 운영위원회에서 자발적이고 적극적으로 참여할 지역 인사를 구하는 것이 어렵다고 호소하는 경우도 다반사이다.

이렇게 현재 우리 사회가 보여주고 있는 복지 분야의 자치에 대한 미숙함은 향후 복지국가로 가는 길에 커다란 걸림돌이 되지 않을 수 없다. 그런 점에서 지역사회 내에서부터 자치 정신을 제고하고 이로부터 작은 성과들을 축적해내는 지역 풀뿌리단체들의 역할을 새삼 강조하지 않을 수 없다. 아직 완전히 뿌리내렸다고 보기는 어렵지만 지방정부를 견인하거나 견제하는 일에서부터 주민들의 복지권을 옹호하고 지역 주민의 관심과 참여를 조직화해내는 일까지 자치의 정신을 실현하고 있는 지역의 풀뿌리단체들의 존재에 대해 우리 사회가 다시 한번 인식하고 이들의 정착에 관심을 가져야 한다.

결국 복지국가로 가는 길은 정부가 주도하는 것이 아니다. 복지국가의 이념으로 체화된 시민들이 자치 능력을 발휘하여 스스로 조직화된 힘을 갖고 움직일 때 비로소 가능하다. 이것이 현란한 복지국가 논쟁에서 각인되어야 하는 중요한 또 하나의 진실이다.

용어 설명

ㄱ

가족 지지 정책: 오로지 가족에 대해 배타적으로 적용되는 공공 지원책(예컨대 아동수당, 유급 양육 휴가, 아동 지원 등)을 말한다. 의료나 주거에 대한 지원과 같은 사회정책상의 공적 지원은, 비록 이것이 가족에 대한 지원이기는 하지만 오로지 가족만을 위해 배타적으로 적용되는 지원이 아니라는 점에서 배제된다.

가처분소득: 원래의 소득에서 세금과 사회보험의 보험료를 빼고 대신 사회보장과 관련된 현금 이전액을 더하고 난 소득을 말하는데, 가계에서는 이를 소비 또는 저축으로 사용하게 된다.

감세 정책: 감세 정책은 1980년대 미국의 레이건 대통령 시절 조세정책의 기조로 채택된 것으로 유명한데, 세율을 높이기보다는 낮추면 기업에게 생산 의욕을 더 북돋게 되어 경제가 활성화됨으로써 궁극적으로는 국가 경제와 기업, 소비자 모두에게 이득이 됨은 물론 조세수입도 오히려 더 늘어나게 된다는 논리를 갖고 추진되었다. 그러나 이로 인해 미국은 재정 적자가 커지는 결과를 맞게 되었다. 우리나라의 경우 2008년 출범한 이명박 정부가 소득세, 법인세, 상속세 등에서 세율을 인하함으로써 연간 20조 원 내외의 감세가 이루어지는 정책을 시행하면서 이를 둘러싸고 심각한 논란이 일어났다.

개방경제: 외국과의 상품, 서비스, 자본 등의 거래가 비교적 자유로운 경제를 말한다. 과거 자국 산업의 보호와 무역을 통한 외환 취득을 위해 관세장벽을 설치하거나 자본의 거래에 제한을 가하는 국가가 많았으나, 최근에는 자유무역의 기조 아래 선진국을 비롯한 대부분의 국가들이 국제간 자유로운 교역을 내세우는 경향을 보이고 있다.

개인 계좌 방식: 공적으로 운영되는 연금제도이지만, 개인의 보험료 납입액과 운용 수익을 추적할 수 있도록 하고 급여액도 이것들에 기초하여 지급하도록 하는 연금제도의 한 방식이다. 일반적인 연금제도는 사회적 연대 기금의 성격인 연금 기금 안에 개인의 보험료 납입액이 계상되므로 개별 납입액과 개별 급여액의 연동 관계가 거의 성립되지 않지만 개인 계좌 방식은 이와는 대조적이다.

거시 경제: 단일한 상품의 수요와 공급, 그리고 가격 간의 관계에 초점을 맞춘 것이 미시 경제micro economy라면, 거시 경제macro economy는 국민경제 전체를 상대로 국민소득이나 국민총생산물이 어떻게 결정되는지에 주목하는 것이다.

건강보험의 보장성: 의료 기관을 방문하여 의료 서비스를 받고 지불하는 총비용 중 국민건강보험 재정에서 충당되는 비용의 비중을 말한다. 다만 특진 등의 의료 서비스를 받을 때처럼 건강보험제도에서 공식적인 급여 대상에 속하지 않아서 100% 본인이 비용을 부담하는 경우가 있는데, 이러한 본인 부담액은 고려하지 않은 수치이다. 따라서 현실적으로 건강보험의 보장성 수치는 과대평가되어 있다.

공장입법: 영국에서는 자본주의의 초기 정착 과정에서 발생한 열악한 노동조건을 개선하기 위한 다양한 입법이 시도되었다. 1800년대 들어

몇 차례의 공장과 관련된 법이 제정되었는데, 그중에서 실효성이 있었던 것으로 1833년의 공장입법을 들 수 있다. 여기에는 방직공업 노동에서 9세 이하 아동의 채용 금지, 9~13세 아동의 1주 48시간 노동, 13~18세 아동의 1주 68시간 노동, 그리고 18세 미만 아동 모두의 야간작업 금지 등이 포함되어 있었다. 이 법 내용을 보면 당시 아동노동의 실태가 얼마나 심각했는지를 알 수 있다.

구매계약제: 복지 제도는 대개 수요자, 즉 복지 급여 대상자와 비용 지불자, 즉 정부가 각기 분리되어 있어 수요자의 복지 급여 만족도가 잘 반영되지 않게 되므로, 이를 개선하는 방식의 하나로 도입된 제도이다. 이에 의하면 정부와 복지 서비스 제공자 사이에 포괄적인 계약을 맺기만 하고 실제 소비자가 자신에게 부여된 선택권을 이용하여 공급자를 결정하고 서비스를 받으면 사후에 서비스 비용을 정부가 지불하는 방식이다. 이 방식은 공급자 간의 경쟁이 유발되어 복지 서비스의 질이 개선될 여지가 있다. 그러나 공공서비스 분야에 적용하다 보면 오히려 경쟁의 역효과가 일어날 수 있다는 지적도 있다.

구상권: 법률 용어로서, 민법 제1038조 제2항에 따르면 '타인을 위하여 손실을 받은 사람이 그 타인에 대하여 가지는 손해배상청구권'을 뜻한다. 즉 갑이 을을 위해 손실을 입었다면, 을에게 배상을 청구할 수 있는 권리인데, 여기서는 정부가 부양의무자를 위해 수급권자인 피부양자를 지원함으로써 손실을 입었기에 예산에서 지출된 그 비용을 부양의무자에게 일종의 손해배상의 의미로 청구하는 것을 말한다.

국민 기본선: 영국의 웹Webb 부부에 의해 1900년대 초에 제시된 개념으로, 한 국가의 국민들이 인간다운 생활을 향유하기 위해 최소한 지켜져야

하는 수준을 지칭한다.

권능형 복지국가: 일할 능력을 신장시키는 것에 주력하는 복지국가의 한 유형으로서 1990년대 이후 미국에서 강조되었다.

그룹홈: 대규모 생활 시설과는 달리, 주거 지역 내의 일반 가정집과 같은 환경에서 5명 내외의 규모로 장애인이나 노인, 아동을 보호하도록 운영되는 생활 시설의 일종이다.

기초연금제: 노령기에 다다른 이들 누구에게나 연금 급여를 제공하는 제도로서 '1인 1연금'의 성격을 띤다. 주로 국가 예산에 의해 재원이 충당되지만, 경우에 따라서는 보험료를 징수하여 운영하기도 한다.

ㄴ

낙수 효과: 낙숫물이 주변을 적시듯이 경제가 성장하게 되면 이로부터 이득을 얻게 되는 계층이나 산업에만 그 혜택이 돌아가는 것이 아니라 임금의 지불, 소비의 확대 등을 통해 사회 구성원들 모두에게 혜택이 돌아간다는 것을 의미하는 용어이다.

노동분배율: 일국의 경제에서 1년간 창출된 부가가치 중 노동자들의 임금 형태로 분배된 몫의 비중을 뜻한다. 이와 대조되는 개념은 자본 분배율이다.

ㄷ

대리 가정: 입양 가정이나 위탁 가정을 의미한다.

돌봄노동: 지금까지 '돌봄'이란 가족 내에서 그 구성원들이 사적으로 해결하는 것으로 여겨졌으며 화폐를 주고받으며 시장에서 거래되는 것으

로 간주되지는 않았다. 그러나 돌봄도 하나의 노동으로 인정하며 그 노동의 행사자(주로 가족 내 여성)의 노동권을 인정하는 추세로 바뀌고 있다.

ㄹ

로제타플랜: 벨기에에서 시행하여 성공을 거둔 혁신적 청년실업 대책으로서 종업원 25인 이상 기업이 연간 1명 이상의 청년을 의무적으로 고용하도록 한 제도이다.

ㅂ

보육바우처: 보육료 지원을 받을 수 있는 증서를 말한다. 일반적으로 바우처란 현금 급여와 현물 급여 방식의 중간 형태로서 현금은 아니지만 특정한 제도에 의해 지원되는 특정 복지 서비스나 물품을 구매할 수 있는 증서이다.

보험수리학: 보험 상품을 운영하는 데 있어 보험료 수입액과 보험 급여 지급액 사이에 수지 균형을 맞추기 위해 각종 수리적, 통계적 기법을 동원하여 분석하는 학문 영역이다.

부과 방식: 연금 운영 방식의 하나로서, 한 사회 내 연금 급여 자격을 갖는 자들에게 지불해야 하는 총급여액을 그 시점에서 소득을 올리고 있는 생산 계층에게 연금보험료를 부과하여 조달하는 형태를 말한다.

ㅅ

사회투자전략: 기든스A. Giddens에 의해 1990년대 말부터 제기된 복지국가

전략으로서, 전통적으로 소득 중단의 경우에 대응한 소득 보장형 복지국가에서 벗어나 인구고령화, 가족 해체, 기술의 진보 등의 변화에 조응하면서 새롭게 복지 제도를 운영해가는 제3의 길에 해당하는 전략이다. 특히 아동이나 청소년에 대한 투자를 사회적 투자의 대표적인 정책으로 거론할 수 있다.

생산함수: 생산요소(일반적으로는 노동, 자본, 토지 등 3대 요소를 거론함)를 투입하여 생산을 한다고 할 때, 투입량과 산출량과의 관계를 설명하기 위해 상정하는 함수를 말한다.

소득 누진적인 방식의 조세정책: 세금을 부과할 때 세금을 낼 능력을 중시하여 소득이 많을수록 더 높은 세금이나 세율을 적용하고 반대로 소득이 적으면 낮은 세금이나 세율을 부과하는 방식이다.

소득대체율: 노령연금을 지급받는 노인이 자신이 은퇴하기 전에 벌어들인 소득수준과 대비할 때 노령연금액이 어느 정도인지의 비율을 말한다. 개인마다 모두 다를 수가 있으므로 가입자의 평균 소득에 해당하는 자를 기준으로 나타내는 것이 일반적이다.

소득비례연금제: 일반적으로 보험료 수준은 그의 소득수준에 비례하여 부과되므로, 보험료 수준에 비례하여 연금 급여가 지급되는 방식을 말한다.

소득이전: 정부가 사회보장제도 등을 통해 강제로 소득의 일부를 걷거나 현금 급여를 통해 소득 보전을 해줌으로써 개인의 원래 소득이 변화되도록 하는 것이다.

소득재분배 효과: 정부는 생산에 참여한 대가로서 받는 임금, 이윤, 이자 등 1차적인 각자의 분배 몫을 조정하고자 조세정책과 재정정책을 행

하는데, 이 과정에서 일어나는 소득분배의 개선 효과를 말한다.

수정적립방식: 국민연금의 급여액의 원천을 가입자들이 낸 보험료를 기금으로 적립시켜놓고 그 원금과 수익금으로 하는 것이 '완전적립방식'이라면 '수정적립방식'은 급여액 수준이 원금과 수익금 수준을 초과하여 후세대의 소득 중 일부가 동원될 수밖에 없는 방식이다.

3-fares 정책: 사회복지social welfare, 일자리 복지jobfare, 학습 복지learnfare 세 가지를 묶어 지칭한 용어이다. 공공 부조, 사회보험, 사회복지 서비스 등이 전통적인 영역의 '사회복지'이며, 사회적 일자리 창출이나 직업훈련 등 적극적인 노동시장 정책 등을 강조하는 것이 '일자리 복지', 사회 구성원들이 새로운 기술의 변화나 지식의 발전에 적극적으로 적응할 수 있도록 평생 학습 체계를 강조하는 것이 '학습 복지'이다.

신빈곤층: 노동능력이 있어 일을 하고 있거나 아니면 부득이하게 실업 상태에 있는 빈곤 계층을 말한다.

ㅇ

아이사랑카드: 현재 정부는 영유아 보육 시설(예컨대 어린이집)을 이용하는 아동에게 보육료 중 일부를 지원하는 제도를 운영하고 있는데, 이 카드를 이용하여 이용 사실을 등록하면 보육료 지원금이 현금 결제와 같은 방식으로 영유아 보육 시설에 지급된다.

예산제약: 정부의 모든 지출에서 예산이 한정되어 있다는 철칙을 부각시키는 용어이다.

5분위 배율: 국민을 소득 집단별로 다섯 집단으로 나누었을 때, 가장 낮은 소득 집단의 평균소득과 가장 높은 소득 집단의 평균소득 간의 상대

비율을 말한다.

위험 수용자: '위험risk'도 하나의 소비품이라 보았을 때 이를 감수하려는 자risk-lover, 가급적 회피하려는 자risk-averter, 그리고 별 영향을 받지 않는 자risk-neutral 등 세 개의 유형으로 나누어 생각할 수 있다.

유러코뮤니즘: 서유럽형 공산주의. 1975년 이탈리아의 유력지 편집장인 레비가 처음 사용한 용어로서, 유럽의 공산주의자들이 소련식 공산주의로부터 독자적 노선을 걷는 것을 표현한 용어이다. 이 노선에 의거하여 유럽의 공산당은 프롤레타리아에 의한 무장봉기를 포기하고 합법적인 방식으로 집권하는 길을 택하며, 가톨릭계와 연대하는 등의 포용적 노선을 걷게 되지만 대다수의 나라에서 쇠퇴의 길에 들어섰다.

유효수요: 유명한 경제학자인 케인스J. M. Keynes에 의하면, 일반적으로 유효수요effective demand란 구매할 의사만이 아니라 구매력까지도 있는 수요를 말한다. 케인스는 이것이 단순히 재화의 가격수준에 따른 자신의 구매 의사만을 나타낸 수요와는 매우 다른 개념이라고 보았다.

이윤율의 경향적 저하의 법칙: 개별 자본가들은 노동력을 통해 잉여가치를 창출하기 위해 노력하지만, 전체 자본의 운동법칙을 볼 때 잉여가치를 늘리는 속도보다는 자본의 유기적 구성도가 고도화되는 속도가 더 빨라, 투입된 자본으로 거두는 이윤량의 비율인 이윤율은 자본주의하에서 장기적으로 점차 줄어들게 되어 마침내 자본주의의 붕괴로 이어진다는 것을 나타내는 용어이다.

이전지출: 정부의 지출 중 민간 소득의 증대 효과를 직접적으로 낼 수 있는 부분을 말한다.

인구요인: 인구의 증가율이나 감소율처럼 인구의 변동과 관련된 요인을

말한다.

ㅈ

자본의 유기적 구성 고도화의 법칙: 맑스에 의하면, 자본은 잉여가치의 창출을 거쳐 스스로 자본의 증식에 기여하는 가변자본(V)variable capital(예: 노동력에 투입되는 자본)과 그렇지 않은 고정자본(C) constant capital(예: 기계나 원료 등에 투입되는 자본)으로 나뉘는데, 이때 고정자본 대 가변자본의 비율(C/V)을 '자본의 유기적 구성도'라 부른다. '자본의 유기적 구성 고도화의 법칙'은 자본의 증식 과정에서 대규모 기계의 도입과 같이 고정자본이 상대적으로 더 크게 늘어나 이 유기적 구성도가 높아지는 경향이 있음을 말해주는 용어이다.

적립 방식: 연금 운영 방식의 하나로서, 노후에 연금을 받기 위해 생산연령기에 보험료를 납부하면 사회 전체적으로 이를 연금 기금으로 적립·관리하여 그 운용 수익 등으로 연금 급여 지출액을 해결하는 방식을 말한다.

『정글북』의 모굴리: 영국의 시인이자 소설가인 J. R. 키플링의 소설 『정글북The Jungle Books』(1894)의 주인공이다. 시오니 산에서 호랑이 시아칸에게 쫓기고 있는 주인공 모굴리를 늑대가 살려주고 키운다.

적자재정: 조세수입에 비해 재정지출이 더 많아 적자가 발생하는 정부 재정을 말한다.

조이혼율: 1년 동안 이혼 건수를 연앙 인구(해당 연도의 중간인 7월 1일을 기준으로 한 인구)로 나누고 천분비로 표시한 수치이다.

주간보호소: 가족에 의해 보호되기 어려운 장애인이나 노인 등을 낮 시간

에만 보호하는 시설이다.

중위 소득: 평균소득이 전제 소득의 합을 인구수로 나누어 계산하는 것이라면, 중위소득이란 전체 인구를 소득 순위별로 배열한다 할 때 가장 중간에 위치한 사람이 누리는 소득을 말한다. 통계학적으로 볼 때 일반적으로 중위소득이 평균소득에 비해 낮은 값을 갖는다.

지니계수: 이탈리아의 통계학자 지니C. Gini가 고안해낸 소득분배의 불평등도를 나타내는 수치다. 1에 가까울수록 사회 구성원들의 소득의 불평등도가 크고 0에 가까울수록 소득수준이 평등함을 나타낸다.

지식기반사회: 후기산업사회의 특징을 나타내는 용어 중 하나로서 1990년대부터 등장하기 시작하였다. OECD의 정의에 의하면 '직접적으로 지식과 정보를 생산·배포하는 산업에 기반을 둔 사회 또는 경제'이다.

ㅌ

특수고용: 노동자가 개인 사업자로 간주되어 근로기준법상의 근로계약을 체결하지 않지만 도급, 위탁 등을 통해 특정 사용자의 명령이나 지휘를 받아 업무를 수행하는 고용 형태이다.

ㅎ

확대재생산: 자본이 생산과정에 투여되면 상품을 생산하고 이를 판매하여 투여 자본을 회수하게 되는데, 이때 이윤을 남기게 되어 자본이 증식되는 과정을 확대재생산이라 한다.

참고 문헌

다윈, 찰스, 2010[1859], 『종의 기원On the Origin of Species』, 이종호 옮김, 지식을만드는지식.

맑스, 칼·프리드리히 엥겔스, 2010[1848], 『공산당선언The Communist Manifesto』, 권혁 옮김, 돋을새김.

맬서스, 토마스, 1982[1798], 『인구론An Essay on the Principle of Population』, 이만수 옮김, 박영사.

문진영, 2008, 「동유럽(CEE) 국가의 사회적 배제 현상과 복지체제에 관한 연구」, 『유럽연구』 26권 제1호, 한국유럽학회.

박승희·채구묵·김철주·홍세영, 2008, 『스웨덴 사회복지의 실제』, 양서원.

복지국가SOCIETY 정책위원회, 2007, 『복지국가 혁명』, 도서출판 밈.

베른슈타인, 에두아르트, 1999[1899], 『사회주의의 전제와 사민당의 과제 Die Voraussetzungen des Sozialismus und die Aufgaben der Sozialdemokratie』, 한길사.

스미스, 아담, 2008[1776], 『국부론An Inquiry into the Nature and Causes of the Wealth of Nation』, 유인호 옮김, 동서문화사.

에스핑-안데르센, 요스타, 2006, 『복지 자본주의의 세 가지 세계』, 박형신·정헌주·이종선 옮김, 일신사[G. Esping-Andersen, 1990, *The Three Worlds of Welfare Capitalism*, Princeton: Princeton Univ. Press].

윤홍식, 2003, 「국민기초생활보장제도의 수급결정요인」, 『사회복지정책』 17권, 한국사회복지정책학회.

윤홍식, 2010, 「보편주의 복지를 위한 시론: 보편주의를 둘러싼 쟁점을 중심으로」, 한국행정학회 추계학술대회.

이정우, 2010, 『불평등의 경제학』, 후마니타스.

일리, 제프, 2008, 『The Left』, 유강은 옮김, 뿌리와이파리[Geoff Eley, 2002, *Forging Democracy*, Oxford: Oxford University Press].

조세희, 2000, 『난장이가 쏘아올린 작은 공』, 이성과힘.

주은선, 2010, 「보편적 복지와 지방정부: 토론문」, 우리복지시민연합·대구대학교 사회복지학과 공동 주최 사회복지의 날 기념 세미나 자료집.

최현수·류연규, 2003, 「빈곤아동조사보고서」, 한국보건사회연구원.

『경향신문』 2011. 5. 12; 2011. 6. 17.

『뷰스앤뉴스』 2010. 12. 9.

『서울경제』 2010. 11. 1.

『연합뉴스』 2010. 3. 16.

『중앙일보』 2010. 10. 27, 「보편적 복지 지상 논쟁」.

『한겨레21』 2009. 8. 7(제772호), 「사랑은 88만 원보다 비싸다」.

『한겨레신문』 2007. 1. 3; 2010. 12. 27; 2011. 7. 19, 볼프강 메르켈(베를린사회과학연구원 소장)과의 대담 기사.

『한국일보』 2011. 8. 15.

『LG 주간경제』 2003. 1, 「서민가계 압박하는 주거비·교육비」.

2010. 7, '최저생계비로 한달나기 희망UP 캠페인' 체험단 수기(http://cafe.naver.com/hopeup).

2011. 7. 20, 복지국가실현연석회의 출범식 자료(http://blog.daum.net/peoplepower21/15863693).

Abe, K., 2001, "Universalism and targeting: An international comparison using the LIS database", Luxembourg Income Study Working Paper No. 288.

Furniss, N. and T. Tilton, 1933, *The Case for the Welfare State*, Bloomington: Indiana University Press.

ILO, 1992, *The Cost of Social Security: 1984~1986*.

Jessop, Bob, 2003, *The Future of Capitalist State*, Oxford: Blackwell.

Katz, Michael B., 1989, *The Undeserving Poor*, Pantheon Books: New York.

Mitchell, Deborah, 1991, *Income Transfers in Ten Welfare States*, Ashgate Publishing Group: Hampshire.

OECD(2011), Social Expenditure-Aggregated data(http://www.oecd.org).

Pierson, C., 1991, *Beyond the Welfare State? The New Political Economy of Welfare*, Cambridge, U.K.: Polity Press.

Raitano, M., 2008, "Welfare state and redistribution: the role of universalism and targeting. Citizens and governance in a knowledge-based society", Deliverable D13. Report on WP6-task6.5.

Scruggs, Lyle and James Allan, 2006, "Welfare-state decommodification in 18 OECD countries: a replication and revision", *Journal of European Social Policy*, 16(1): 55~72.